나무부자 되는 필수도서

나무가 돈이다

조경수 판매전략편

나무가 돈이다
조경수 판매전략편

발행일 2015년 2월 12일 초판 1쇄 발행
지은이 박세범
펴낸이 김윤경
기 획 정인구
편 집 정인구

펴낸곳 트리디비아카데미
주 소 서울시 중랑구 용마산로 494, 301호
       (망우동, 상아프라자)
전 화 070-8656-8865
팩 스 02-6008-3825
e-mail pasebe@hanmail.net

ISBN 979-11-954602-0-5 93320

잘못된 책은 구입처에서 교환하여 드립니다.
이 책의 저작권은 박세범과 트리디비아카데미에 있습니다.
저작권법에 의해 보호를 받는 저작물이므로 무단 전재와 무단 복제를 금합니다.

나무가 돈이다

조경수 판매전략편

박세범 지음

머리말 *Prologue*

　필자는 2001년에 트리디비(treedb.co.kr)라는 조경수 직거래 유통 사이트를 국내 최초로 제작하여 십수년간 운영해왔다. 지금은 회원이 15,000명을 넘었고 하루 3000~5000명의 조경 관련인이 방문을 하는 국내 최대의 사이트로 자리 매김을 했다.
　트리디비 회원들과 함께하며 수많은 조경수 생산지에서 농장주들을 만나왔고 나무농사의 성공과 실패 사례를 필자만큼 아는 사람은 국내에서 드물 것이라 생각한다. 다양한 수종, 다양한 형태의 나무를 전국 각지에서 직접 유통을 했고 또한 목격해 왔다. 건강하고 아름다운 나무, 밀식되어 빼빼 마른 나무, 합리적인 나무거래, 헐값에 나무를 사려는 기획 납품업자, 나무 사기꾼, 대금 결제의 어려움, 작업 인부와의 갈등, 운반도중에 죽은 나무 등등 다양한 경험을 직간접적으로 필자는 습득하게 되었고 이제 그 노하우를 한권의 책에 담고자 한다.

　어느 때부터 나무부자들, 나무재테크라는 말이 나왔다.

　새로운 투자처를 찾는 이들과 노후를 준비하는 이에게 나무 투자에 대한 환상과 기대를 가지게 했던 말이다. 어떤 이에겐 생소한 말같이 들릴지 모르지만 "나무는 돈이 된다."라는 인식은 오래전부터 있어 왔다. 과거 86아시안게임, 88올림픽, 2002 월드컵등에 나무로 큰돈을 번 사람들부터 신도시 건설, 신행정도시, 4대강 등의 조경건설의 발전으로 지금도 조경수 생산의 열풍은 식지 않는다.
　다만, 최근 세계경제와 국내 건설경기의 불황으로 조경수 생산의 인기는 주춤하는 경향이 있지만 이미 국민소득이 25,000달러를

넘은 국내에서는 삶의 질이 높아져서 쾌적한 환경, 편안한 삶을 추구하는 눈높이가 이미 높아질 대로 높아졌고 부동산 경기 활성화와 경기부양책을 통하여 건설경기에 활력을 불어넣으려는 정부의 의지로 조경건설경기는 반드시 살아날 수밖에 없다고 생각한다.

조경수 생산으로 성공하려면 몇 가지 사실을 알아야 한다.

첫째, 전망 있는 조경수, 둘째, 나무를 건강하고 아름답게 키우는 재배능력, 마지막으로 나무를 잘 파는 방법을 알아야 한다. 오랫동안 조경수 유통일을 하면서 본 바로는 대부분의 사람들은 전망 있는 조경수 선택과 나무 잘 키우는 방법에만 온 신경을 쓰는 것이 보였다. 그러나 정작 조경수를 판매하려고 하면 판매시기를 놓치거나 판로가 없어 남들에게 헐값에 넘기는 일이 비일비재하다.

한 마디로 남 좋은 일만 하게 되는 것이다.

판매시기를 놓친 나무는 현장에 식재될 목표규격을 넘어 비대해지고 밀식이 된다. 그러면 조경수로서의 가치가 떨어지게 되며 판매할 수가 없다. 이뿐만 아니라 조경현장의 구매자와 직접적인 연결이 없는, 즉 판로처가 없는 생산자는 정성껏 키운 나무를 제값을 받고 판매할 방도가 없으며 지인이나 중간상인등이 많이 관여하여 수수료를 떼이는 이윤 적은 판매밖에 할 수 없다는 것이다.

필자는 "나무가 돈이다"라는 제목으로 3편의 조경수 생산유통에 관한 책을 출간할 계획을 가지고 있다. 전망있는 조경수를 선정해서 최대한 적은 투자로 효율적인 나무농사를 지을 수 있는 '조경수 농장조성'편과 아름답고 건강한 조경수의 재배를 위한 '조경수 재배관리'편 그리고 마지막으로 나무를 잘 팔아 고소득을 올릴 수 있는 '조경수 판매전략'편 이렇게 3편을 계획하고 있다. 그런데 '조경수 판매 전략'편을 첫 번째로 출간하기로 했다. 순서상 좀 어색 할 수도 있다. '조경수 농장조성', '조경수 재배관리', '조경수 판매전략' 이와 같은 순서가 맞을 것 같은데, 순서가 잘못된 것처럼 생각 할지 모르겠다.

'조경수 판매전략'편을 먼저 선택한 이유는 단순하다. 현재 국내에는 나무 잘 키우는 방법의 책은 많은데 나무를 잘 파는 방법의 책은 단 한권도 없다는 것이다. 앞에서 언급한 것처럼 남 좋은 일만 하는것을 하루 빨리 막아 보자는 생각이 필자의 마음을 급하게 했다.

나무를 잘 파는 방법……
나무를 잘 팔자는 의미는 나무 사기꾼에게 당해 낭패를 당하지 않는 방법, 주변 사람이나 중간상을 거치지 않고 직거래로 팔수 있는 방법, 정성껏 키운 나무를 헐값에 넘기지 않는 방법, 때를 놓치지 않고 적당한 시기에 나무를 파는 방법 등의 많은 의미가 내포되어 있다.
필자는 트리디비와 함께 조경수 유통을 하면서 수천 명의 사람들에게 검증되며 십수년간 터득해온 노하우를 함께 나누기를 원한다. 이번 책에서 필자가 운영하는 조경수 직거래 사이트인 트리디비(treedb.co.kr)에서의 판매하는 방법도 소개 했다.

  과거 필자가 주관해온 "조경수 기술 캠프"교육 세미나에서는 트리디비 사이트에 관해 구체적으로 언급하지 않으려고 했다. 그 이유는 필자의 사이트를 홍보하려는 사심으로 오해를 받을까봐 조심했었던 부분이었다. 그러다 보니 판매 효과와 판로 형성의 효과가 즉시 나타나지 않아 공허한 강의로 기억되지 않을까 하는 고민에 빠지게 되었다. 그래서 즉시 효과를 볼 수 있는 트리디비에서 판매하는 방법 등을 소개하기로 한 것이다.

  '조경수 판매 전략편'은 국내에서 유일하기에 어떤 책을 참고 할 수도, 모방 할 수도 없다. 그래서 글의 흐름이 두서가 없고 난잡하여 독자들이 이해하기 어려울까봐 겁도 난다. 하지만 단 한사람이라도 도움이 되어 금전적인 피해나 낭패를 당하지 않고 성공적인 조경수 판매를 할 수 있다면 그것으로 보람을 찾을 수 있을 것 같아 용기를 내어본다.

  이 글을 읽은 모든 독자들이 조경수 판매에 대한 자신감과 조경수 생산의 희망이 사라지지 않도록 바라며 기도한다.

2015년 1월   박세범

차례 Contents

조경수 판매 전략 이론편

13 조경수 판매 전략의 개요

- 15 1 개요
- 24 2 과거의 판매 방식
- 25 3 나무 잘 팔아서 부자가 된 몇가지 사례
- 34 4 어떤 나무를 팔아야 하는가?

55 국내 조경수 현황

- 56 1 조경수 생산
- 58 2 조경공사 수주
- 59 3 국내 조경수 유통현황
- 62 4 조경수 생산의 비전

65 조경수 판매를 위해 알아야 할 지식

- 66 1 조경수의 분류
- 68 2 조경수 규격 표시
- 72 3 조경수 가격
- 74 4 많이 사용되는 현장용어
- 75 5 조경수 판매 시기
- 79 6 누가 나무를 사는가?
- 81 7 조경수 판매전 준비

조경수 판매 전략 실전편

91 중간상거래 판매 방법

- 92 1 납품업체 납품
- 93 2 인근지역 조경수 생산자와 협력
- 94 3 온라인 커뮤니티 활용
- 95 4 조경수 유통센터 활용방법
- 95 5 조합이용 방법

99 직거래 판매 방법

- 100 1 오프라인 직거래 방식
- 106 2 온라인 직거래 방식
- 113 3 판매 방식 제안 및 비용

115 안전한 조경수 거래

- 116 1 피해사례 숙지하기
- 122 2 "고발 합니다" 게시판 살펴보기
- 123 3 대포폰, 대포통장 확인하기
- 125 4 계약서 작성 및 첨부서류 나누기

차 례 Contents

조경수 판매 전략 실전편

127 조경수 굴취 및 운반

- 129 1 작업상차 시
- 140 2 현장 도착도 시
- 142 지속 적인 판로 확보

145 트리디비 활용편

- 147 1 트리디비가 하는일
- 149 2 트리디비 각 메뉴별 활용방법
- 158 3 트리디비 회원가입
- 162 4 트리디비 사이트에 매물등록 하는 방법
- 168 5.조경수 매물 등록할 때 주의 사항
- 172 6 트리디비에서 나무를 잘 판매하려면
- 173 7 매출별 마케팅 제안

175 "알면 유용한 트리디비 파워 자료실"

- 175 1. 조경수 실태조사
- 183 2. 조경수 실거래가 조사

- 190 글을 마치며

조경수 판매 전략 부록편

- 192 1. 조경수 조달청가격(2015년)
- 211 2. 2014년산 산림용 종묘 가격표
- 213 3. 2015년 상반기 건설업 임금
- 213 4. 2015년 중기별 시간당 운영비
- 214 5. 건설표준품셈(조경공사)
- 223 6. 조경용 뿌리 감기시 마대와 녹화끈의 사용량

조경수 판매 전략 *이론편*

조경수 판매 전략의 개요

조경수 판매의 개요와 과거의 판매방식 및 성공스토리의 내용을 다루면서 어떤 나무를 팔아야 성과를 볼수 있는지 상세한 안내를 받을 수 있다.

(사진출처 : 중흥종합건설 조경팀 차장 지성철)

조경수 판매 전략의 개요

1. 개요

도시화, 산업화의 물결이 급속화로 진행이 되어 국민소득을 25,000불까지 달성 시키고 그로 인해 쾌적한 환경, 편안한 삶을 추구하게 되었다. 오늘날 국민의 관심은 "삶의 질"을 가장 높게 생각하게 되었고 국가도 국민의 요구에 정책을 맞춰가고 있다.

쾌적하고 편안한 삶의 요구는 공원화 사업, 도시림 조성, 주택단지조성, 도로변경관조성과 그에 따른 가로수 식재, 근린공원, 4대강 유역정비, 신행정도시 건설, 신도시 건설등 조경건설의 수요를 폭발적으로 증가시키게 하였고 조경산업의 필수자재인 조경수의 필요는 앞으로도 늘어날 수밖에 없게 되어 가고 있다. 오늘날 아파트 단지나 공원, 그리고 도시의 가치를 높이는 것이 조경수 이다.

어느 신문사의 기사를 인용하자면 "아파트 선택 기준이 조경시설과 커뮤니티 시설 등으로 이동하고 있는데 업체마다 조경에 비중을 높이는 이유는 녹지 비율이 높은 단지는 살기에 쾌적하다는 점에서 인기가 높다"며 "조경이 좋으면 명품 아파트 이미지가 생기고 지역 랜드마크로 자리매김할 가능성도 높다"고 말한다. 또 다른 관계자는 "조경 특화 단지는 환금성이 높아 시세가 지속적으로 오른다"며 "부동산 불황기에 이런 흐름이 계속 될 것"이라고 말하고 있다. 그러다 보니 조경수 수요는 급증하며 조경수 생산업에 관심이 높아지는 것은 당연지사다.

● 식사지구 일산 위시티의 '일산자이'엔 한 그루당 1000만원 하는 명품 소나무 2200여 그루를 심었고 직경 70~80㎝인 느티나무도 400여 그루가 아파트 단지 곳곳에 심어져 있다. 전체 조경비 600억 원 중 소나무값이 500억 원 이상 들었다고 한다.

'일산 자이 위시티'(총 4683가구) 소나무 2200여 그루 조경수 식재비용 600억원

이론편 조경수 판매 전략의 개요

● 반포동 '래미안 퍼스트지' 10여억 원에 식재된 1000년 느티나무

반포동 '래미안 퍼스트지' 10억원에 식재된 1000년 느티나무

● 충북 청주시 대농지구의 '지웰시티'는 예술과 자연이 접목된 신개념 주거문화 공간을 내걸었다. 단지엔 500년 수령 느티나무를 포함해 300여 수종, 3000여 그루와 화초 등 3만 화분에 해당하는 화초류 등을 심었고, 이들 비용만 150억원 가량 된다.

충북 청주시 대동지구 '지엘시티'
(사진출처 : 청주 뉴타운 공인중개사 조병진 소장)

이론편 조경수 판매 전략의 개요

● 경기도 화성 동탄의 '우미린' 아파트 조경 비용 100억 원

경기도 화성 동탄 '우미린'아파트
(사진출처 : 중흥종합건설 조경팀 차장 지성철)

● 서울 송파구 잠실동 250억 명품조경 트리지움

서울 송파구 잠실 '트리지움'(사진출처 : 현대건설 건축조경팀)

이론편 조경수 판매 전략의 개요

● 부산 서면의 더샵 센트럴스타는 명품 조경단지로 유명하다. 특히 에코가 든은 약5,400m^2의 정원으로, 약1,800여주의 대형목이 식재되어 있으며 단지 입구에는 후박나무 터널, 에코가든 산책로에는 매화나무, 단풍나무, 자엽자두, 팥배나무, 산딸나무로 테마터널을 조성하고 있다.

부산 서면의 더샵 센트럴스타 단지내 명품 조경거리 '바람의 거리'

부산 서면의 더샵 센트럴스타 단지내 열식되어 있는 금송

조경수에 대한 관심이 높아지자 조경수 농장관리, 조경수 관리기술, 조경수 식재 기술 등으로 공부하려는 사람들이 많아졌고 여기에 투자 개념이 도입되어 나무부자들, 나무재테크라는 키워드가 유행하기도 했다. 그로 인해 영농, 귀농하는 사람들이 몰려들게 되었고 그것에 맞춰 나무재테크학교, 나무학교, 조경수 재배학교 등 많은 교육 강좌들이 개설되었다.

그러나 대부분의 교육강좌는 조경수생산관리에 필요한 정보만을 제공하고 있고 조경수 판매에 관한 강좌나 자료들은 많지 않은 실정이다. 즉 나무 잘 키우기 위한 자료와 강좌는 많은데 그 나무를 잘 파는 방법에 대한 내용이 없다는 것이다.

이론편 조경수 판매 전략의 개요

Tip

조경수 밀수, 조경수 도난사건

조경수 가치가 높아지니 조경수와 관련하여 안 좋은 소식들이 들려오기도 한다. 즉 조경수 밀수와 조경수 도난사건 들이다. 밀수와 도난사건은 매년 끊이지 않고 있어 신문과 뉴스 등에서 종종 소식을 접하기도 한다.

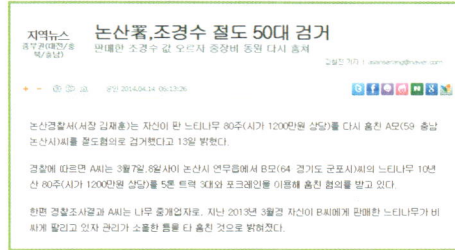

밀수, 도난사건 기사 및 방송 화면 캡쳐

2. 과거의 판매 방식

　우리나라의 건축, 토목, 조경 기술 즉 건설기술은 세계최고의 기술을 자랑하고 있다. 대형 건설사들이 우리나라뿐 아니라 세계 곳곳의 건설시장을 주도하고 있으며 앞으로도 더 많은 세계시장에 진출할 것이라는 전망을 가지고 있다. 그러나 조경수생산업은 주변의 어떤 나라들보다 낙후하기 그지없다.
　이는 조경 산업의 급속한 발전에도 불구하고 조경수생산업의 제도와 정책, 생산 유통구조의 고질적인 문제점들이 생산의욕을 상실하게 만들고 조경수의 생산과 수급에 관련한 정보들이 없어 품귀현상이나 과잉공급 등으로 조경수시장의 혼란을 과중 시키고있다. 또한 조경업체간의 무분별한 경쟁으로 인해 생산단가를 떨어뜨리는 일이 비일비재하다.

　2000년도 이전에는 지금과 같이 조경수직거래사이트나 조경수유통센터 그리고 각 지역별 나무시장이 많지 않았고 조경수 생산과 유통에 도움을 주는 관련 관공서나 단체들의 역할이 미흡했었다. 조경수 판매에 관해서는 합리적이며 투명한 유통체계가 있지 않고 대부분 중간상인을 통해 거래가 가능했으며 상인이 여러 명 겹칠 때마다 생산자는 낮은 수익을, 소비자는 비싼 댓가를 치를 수밖에 없었다.
　특히 과거의 중간상인을 나까마라 부르며 안 좋은 인식을 갖는 이유는 조경수 수요자에 대한 정보독점을 자신의 영리 목적만에 치중함으로써 생산자와 소비자에게 돌아가야 할 이윤을 유통이윤으로 독점하는 일들이 비일비재하여 많은 조경수 생산지에 생산의욕을 상실하게 만드는 원인이 되었다. 이런 원인이 누적이 되어 결국 우리나라의 조경수 생산업이 후진성을 면치 못하게 하는 역할을 했다고 본다.

이제는 과거를 답습하는 방식에서 벗어나 창의적이고 진취적인 방식을 취해야 할 때가 온 것이다.

3. 나무 잘 팔아서 부자가 된 몇가지 사례

완주의 송사장님의 경우

그를 처음 만난것은 2008년도의 서울에서 이다. 트리디비(필자가 운영하는 조경수 유통 사이트) 운영 초반부터 추천회원으로 활동을 하였고 트리디비 광고글로 또는 전화 통화로만 그분을 접하다가 거의 10년 가까이 지나 실제로 보게 되었다. 첫인상은 전화 목소리로 상상했던 그대로였던 것으로 기억이 된다. 자상하고 순박한 이미지를 떠올렸는데 그 이미지와 별반 다르지 않았다. 그는 오래전부터 전북 완주군에서 나무농사를 하고 있었다. 주력 수종으로는 조형소나무를 생산하고 오랜 노하우로 조경수의 형태와 아름다움을 잡아내는데 자신감을 가진 분이다.

서울에서 만나게 된 이유는 농장부지가 혁신도시로 수용이 되어 농장내의 나무를 모두 판매해야 했기 때문이다. "광고비는 얼마든 지불할 용의가 있다."하여 필자가 운영하는 트리디비 사이트의 공지광고를 소개하였고 결국 1년 6개월만에 나무 전체를 판매 할 수 있게 된다. 토지수용으로 큰돈을 벌고 나무를 잘 팔아 꽤 큰 수익을 창출한다. 현재는 김제에서 농장을 수목원처럼 예쁘게 조성하고 나무가 자라기만을 기다리고 있다.

삼례의 전사장님의 경우

삼례에서 사철나무 생산을 전문으로 한다. 충정도 에서 부인과 함께 어린나이로 전주로 이주해왔는데 야간에는 공장일로, 낮에는 양계장 일로 고생을 많이 하였다고 한다. 양계장에서 일하고 있었을 때 계분을 사러온 손님이 사철나무를 키워보라는 제안을 하였고 귀가 솔깃해진 그는 제안을 받아들여 처음엔 계약 재배로 나무농사를 짓게 된다.

필자가 전국 농장탐방을 했을 때 그와 부인을 처음 만나게 되었다. 부인이 "남편의 나무농사가 잘되면 최고급 SUV 자동

차를 사주기로 했어요."하며 말했는데 정말 그 약속을 지키고 다음해 농장 탐방 때 최고급 SUV로 농장 구경을 시켜주었다. 그는 조경수유통의 흐름을 잘 이해하고 있었다. 사철나무가 폭락하여 저마다 농사를 포기할 때면 더 많이 투자를 하여 다음해에는 거의 독점적으로 큰돈을 벌기도하고 사철나무의 품질을 높이는 투자와 함께 마케팅에 힘을 쓰곤 했다. 특히 온라인으로는 트리디비 사이트의 광고와 포털사이트의 키워드 광고를 진행하고 있다. 오프라인으로는 농원 카탈로그를 만들어 전국의 조경업체와 관공서등에 배포하는 등 농가에서 하기 어려운 공격적이고 창의적인 마케팅을 하고 있다. 그 결과 그의 농원은 사철나무 최고의 브랜드로 우뚝 솟았고 구매자들은 나무를 보지 않고도 믿고 사는 정도가 되었다. "비싸지만 제 값하는 사철나무"라는 모토(motto)로 타 지역의 사철나무와 차별성을 두어 관공서 공사에 인기를 끌고 있다.

  2013년도는 조경수생산자에게는 최악의 해인데도 불구하고 그는 최고의 매출을 올려 풍요로운 한해를 보냈다. 밑바닥 시세가 끝나면 오름의 시세가 다시 온다는 진리를 잘 터득하고 있기 때문이다.

전주의 전사장님의 경우

  전주 지역에 유지 급으로 있는 분이다. 10만평의 농장에 다양한 관목을 생산하고 있다. 대기업의 임원같이 스마트 한 인상과 차림을 한 분이다. 인품이 넉넉하여 신뢰감이 가고 주변에 사람들이 많아서 큰 납품건도 서로 협력해서 해결하곤 하는데 작은 이익보다는 서로 잘 되자는 상생의 철학을 가진 분이라 한번 맺은 인연은 계속 지속된다.

실제로 필자의 후배가 운영하는 조경회사에서 수십억의 수목을 그에게 지속적으로 납품 받고 있다. 온라인으로는 트리디비 사이트를 통하여 공지광고를 하고 있으며 한때 4대강 사업으로 큰 특수를 누리기도 한적이 있다.

서산의 정선생님의 경우

정선생님을 처음 만났을 때는 서산에서 교장선생님으로 교편을 잡고 있을 때이다. 교장선생님이자 축구 국제심판의 특이한 이력을 가진 분인데 언젠가 인도네시아에 방문하여 보르네오의 나무 재벌의 "나무가 돈이다"라는 말을 듣고 나무농사를 결심하기에 이른다.

교육자 시절부터 나무농사를 시작해 지금은 트리디비에서 몇 손가락에 뽑히는 나무부자가 되었다. 조형소나무, 공작단풍, 금송 그리고 여러 수종을 생산하고 있으며 그중에 최고는 명품 둥근 소나무이다.

오래전부터 정성스럽게 관리해왔으며 둥근 소나무의 자태

와 아름다움은 국내 최고라 해도 과언이 아니다. 특히 둥근 소나무의 크기는 조달청의 규격을 훨씬 벗어나는 수백만 원, 수천만 원대의 특수목이 수천그루 있다. 농장에서 직접 보면 입이 쩍 벌어진다. 판매는 온라인으로 트리디비 사이트와 그 밖의 여러 직거래사이트를 통해서 진행하고 있고 지인을 통하여 판매를 하고 있다. 국내 최고의 품질과 수형을 자랑하기에 절대로 가격에 휘둘리지 않는다.

현재 수만 평의 산지형 농장을 개간하여 흩어져 있는 조경수를 옮겨와 식재하고 있으며 그곳에 서산의 문인과 예술가들을 위한 수목원이자 휴양터를 만들 계획을 가지고 있다. 학교에서 정년퇴임을 하였는데도 꿈을 잃지 않고 하나씩 이루어 나가고 계신 모습을 보노라면 절로 고개가 숙여진다.

이천의 나무농장 사장님의 경우

이천 지역에서 선주목과 조형 소나무를 전문으로 하는 분이다. 한때 필자도 경기도 양주에서 높이 2.5m~3m의 선주목을 판매 한적이 있다. 많은 이들이 필자가 생산한 선주목의 가격과 수형을 만족하여 모두 판매가 가능했으나 몇몇 사람들은 이곳보다 훨씬 싸고 수형이 좋은 데가 있다면서 발걸음을 옮긴 기억이 있다. 그 농장이 궁금했었으나 알 방법이 없어 잊고 있다가 수년후에 그 농장을 방문할 기회를 가지게 된다.

농장을 들어서는 순간 입이 딱 벌어지게 된다. 높이 5m이상의 잘 생긴 선주목이 곳곳마다 즐비하였고 어느것 하나 흠잡을 수 없이 밥(잎의 밀도)이 꽉 차고 아름다웠다.

부부내외가 농장 관리를 하였는데 독자적인 판로가 없다보니 지인이나 중개상인을 통해 판매를 하게 된다. 판매가격이 필자가 양주에서 판매하던 선주목 가격의 반값정도였다는 것을 알고 깜짝 놀란다.

트리디비의 추천회원으로 등록하라고 제안을 하고 농장에서 찍은 사진을 잘 편집하여 트리디비에 광고를 하게 된다. 그 후로 전국적인 판로를 가지게 되고 지금도 꾸준히 판매를 하고 있다.

그 밖의 성공한 사장님들

매년 전국순회를 하면서 트리디비의 회원들을 만나고 다닌다. 조경수농장의 나무 사진을 찍거나 트리디비 사이트 활용방법을 알려주기 위해서 전국 순회를 하는데 꽤 많은 농장주들이 농장방문을 요청한다. 전국의 농장을 탐방하면서 많은 에피소드 들과 추억들이 있다.

남원에서 교직생활을 하시다가 정년퇴임을 하고 전정가위 하나 들고 고향에 내려오신 한 농장주가 있다. 집 인근에 조그

이론편 조경수 판매 전략의 개요

만 농장을 운영하며 나무의 수형 잡기를 하는 분인데 트리디비 사이트를 통해 판매하여 연 1억 이상의 매출이 있다고 했다. 도리어 자식들에게 용돈을 준다고 하시며 맘 편하고 여유롭게 산다고 즐거워 하였다.

화가이며 이천에서 나무 농사를 지으면서 부인과 함께 전원생활을 즐기는 농장주도 있고, 파주인근 선산의 땅에 투잡으로 나무농사를 지었는데 필자와 만나 트리디비의 추천회원으로 활동하다가 결국 전업으로 바꾼 농장주도 있다.

경북 경산에서 나무농사를 하는 농장주가 기억이 난다. 처음 만났을때는 2만 평 농장을 운영하였는데 지금은 13만 평으로 늘린 상태라고 한다. 그는 의사인 친구와 사업가인 친구와 같이 술자리를 하며 "지금 술마시는 시간동안 병원문도 닫고 사업체 직원도 퇴근하여 돈을 벌 시간을 빼앗기고 있지만 난 이 시간에도 나무가 자라 돈을 벌고 있다."고 말하면서 자긴 최고의 직업을 가졌노라고 자랑을 했다는 말이 계속 기억에 남는다.

> **트리디비란?**
> 트리디비(treedb.co.kr)는 2001년부터 필자가 운영하는 조경수 직거래 사이트이다. 트리디비를 운영하면서 조경수 생산지에서 수많은 농장주들을 만나왔고 조경수 유통의 다양한 경험과 노하우를 직간접적으로 습득하게 되었다. 현재 트리디비는 15,000명 이상의 회원이 활동하는 국내 최대의 조경수 직거래 사이트이다

전국일주에서 만난 농장주들

나무부자들은 나무를 잘 파는 사람이다.

나무농사의 기본은 나무를 예쁘고 건강하게 키워야 한다.
 나무가 어떤 지역의 공원이든지 아파트단지에 들어가려면 그 규격에 맞게 성장해야하고 주변 환경을 쾌적하게 할 수 있도록 건강하고 예쁜 수형을 가져야 한다. 이런 기본은 누구나 다 알고 있는데 정작 더 중요한 판매를 신경 쓰지 않거나 모르는 이들이 많다. '나무를 잘 키워놓으면 누군가 알아서 사가겠지.'라는 막연한 생각은 금물이다.

 중소기업에서 만든 세계 최고의 제품이라도 마케팅과 판로를 꽉 잡고 있는 대기업에 밀리듯이 마케팅 전략과 판매 전략이 없다면 주변 중간상인에 의해서 나무가 헐값에 나가거나 판매시기를 놓쳐 나무를 베어버리는 일들이 생긴다.

 나무 부자들은 나무를 잘 파는 이들이다. 위에 열거한 나무 잘 팔아 부자된 사람들의 예에서 보는 바와 같이 스스로 나무 정보를 파악하며 시장 개척에 나서는 이들도 있지만 시장정보에 밝은 조경수 유통 사이트에 가입하여 시장 개척의 도움을 받는 이도 있다. 결국 시장 정보가 나무 부자의 첩경이 된다는 진리를 잊어서는 아니된다.

4. 어떤 나무를 팔아야 하는가?

어떤 나무를 팔수 있는 것일까? 거리에서 보는 느티나무나 왕벚나무 등의 가로수를 생각하는 사람도 있고 학교주변의 생울타리 용도로 식재한 사철나무를 생각할 수 있다. 일반적으로 판매 할 수 있는 나무로는 아파트 현장이나 신도시 거리에 식재되는 가로수와 같은 성목을 생각할 수 있는데 그 외에 나무의 종자를 팔수도 있고 1~3년생의 묘목을 팔수도 있고 조경 현장에 들어가는 성목을 팔수도 있다.

여기에선 판매 할 수 있는 나무를 나름대로 세분화해서 설명하도록 하겠다.

경기도 남양주시 청솔조경 가식장 누운 향나무
               (사진출처 : (주)우진농산 대표 변문수)

이론편 조경수 판매 전략의 개요

상차하는 조경수
(사진출처 : 환경원예조경연구소 대표 김희주)

세종시 전의영농조합 나무 판매점

종자를 팔아라

종자를 수집하여 판매 할 수 있다. 즉 나무의 씨앗을 팔수 있다는 것이다. 일반적으로 종자를 구매하는 사람은 종자를 발아하고 묘목으로 만들어 묘목을 판매하는 사람이다. 대부분의 나무는 종자성숙기에 종자를 수집하는데 종자의 크기, 형태 등에 따라 수집방법이 달라진다.

낮은 가지의 종자는 손으로 직접 채취하는 '따 모으기', 땅에 떨어진 종자를 수집하는 '주워 모으기', 고절가위로 가지를 잘라 채취하는 '절지법', 나무 밑에 망사나 천막을 치고 흔들어 수집하는 "털어 모으기" 방법이 있다.

종자 채취(사진출처 : 금송도소매농원 대표 김명건)

■ 주요수종의 종자성숙기는 아래와 같다.

월별	수종
5월	버드나무류, 미루나무, 양버들, 황철나무, 사시나무, 조팝나무 등
6월	떡느릅나무, 시무나무, 비술나무, 벚나무
7월	회양목, 벚나무
8월	스트로브잣나무, 향나무, 섬잣나무, 귀롱나무, 노간주나무
9월	소나무, 낙엽송, 주목, 구상나무, 분비나무, 종비나무, 가문비나무, 향나무, 물참나무, 자작나무, 박달나무, 팽나무, 물푸레나무, 사스래나무, 밤나무, 신나무, 가래나무, 쉬나무, 호두나무, 졸참나무, 닥나무, 거제수나무, 삼지닥나무, 들메나무, 층층나무, 칠엽수
10월	소나무, 잣나무, 낙엽송, 리기다소나무, 해송, 구상나무, 삼나무, 현백, 전나무, 측백나무, 은행나무, 비자나무, 오동나무, 아까시나무, 졸참나무, 상수리나무, 굴참나무, 붉가시나무, 갈참나무, 당단풍나무, 단풍나무, 고로쇠나무, 싸리류, 가래나무, 느티나무, 당단풍나무, 단풍나무, 고로쇠류, 멀구슬나무, 가중나무, 주엽나무, 옻나무, 오리나무류, 서어나무류, 층층나무, 두릅나무, 산닥나무, 쉬땅나무
11월	동백나무, 회화나무

좋은 종자 수집을 하기 위해서 형질과 생장이 우수한 나무를 선정해서 종자를 채취하는 것이 아주 중요하다.

- 수간이 곧고 수형이 좋은 나무
- 수관이 정상적으로 잘 발달하고 건강한 나무
- 생장이 양호하고 병충해 피해가 없는 나무
- 주위의 같은 나무들보다 크고 우수하며 종자가 풍부하게 열린 것

종자를 발아하여 어린묘목(유목)을 팔아라

종자를 발아 시켜 1년생의 묘목으로 생산하여 판매한다. 성목을 목표로 생산하는 것보다 상대적으로 농장 부지가 넓지 않아도 되고 돈이 많이 들어가지는 않지만 손이 많이 간다는 단점이 있다.

어린 묘목일수록 햇빛, 온도, 강우, 바람등의 기상환경과 병해충, 잡초등의 생물적 요인들에 민감하고 생육에 제한이 있다. 이런 요인을 잘 관리하지 않으면 생장이 느리거나 고사될 염려가 있다.

아침저녁으로 관수를 해야 하고 묘목이 서로 닿지 않게 솎아주어야 하며 제초, 병충해 방제등 큰 나무들에 비해 손이 많이 간다.

잣나무 (하남시 산림조합 나무시장)   각종 묘목 (옥천 이원묘목 축제)

어린묘목을 키워 중간묘를 팔아라

어린 묘목(유목)을 구하여 직경 3~4cm 중간묘로 만들어 판매하는 방법이 있다. 어린묘를 구하는 방법은 유목을 구입하는 방법도 있고 나무줄기를 잘라 삽목하는 방법, 서로 분리되어 있는 식물체를 조직적으로 연결시킨 접목 등의 방법이 있다. 어린묘를 중간묘목으로 만들기 위해서는 밀식하여 생장시키는 것이 유리하다.

어린묘목을 넓은 간격으로 식재를 하면 바람, 햇빛, 병충해 등 외부환경에 직접 노출이 되기 때문에 성장이 더디고 수형 조절하기가 쉽지 않다. 1~2년생 묘목을 약 50cm 간격으로 재배하면 2~3년 후에는 약 높이 1.5~2.5m, 직경 3~4cm 정도로 키울 수가 있어 빠르게 소득을 올릴 수가 있다.

느티나무 기준으로 본다면 1년생 묘목을 500원에 사다 건실한 중간묘로 생산하여 판매를 한다면 5,000원~10,000원 정도를 받을 수도 있다.

배롱나무(사진출처 : 통일농장 대표 정승준)　　　산수유 중간묘 (옥천 이원묘목 축제)

중간묘에서 성목을 만들어 팔아라

　나무재테크를 생각하는 사람과 투잡으로 노후를 준비하려는 사람들에게 추천하는 생산방식이다. 직경 3~4cm대의 중간묘를 식재하여 성목을 생산한다하면 목표규격을 잡고 정식 간격으로 식재를 해야 한다.
　상대적으로 묘목을 생산할 때 보다 농장부지는 넓어야 하고 식재할 때 인건비, 자재비 등의 초기 비용이 들어 농장 조성하는데 비용은 많이 들지만 손이 많이 가지 않고 신경을 쓰지 않아도 잘 자란다. 그렇기 때문에 투잡이 가능하다고 한 것이다. 다만 중간묘를 선택할 때 신경을 잘 써야 한다. 묘목은 대가 곧고 상처가 없어야 하며 잔뿌리가 잘 발달되어 있어야 한다. 제초작업은 연간 2~3번, 가뭄기간이 오래되어 땅이 바싹 마른 때는 관수를, 장마기간 즈음에는 배수로 확인, 병충해 확인 등을 하면 무리 없이 목표규격에 도달할 수 있다. 5,000원~10,000원의 직경 3~4cm의 중간묘를 구입하면 5년 후쯤 직경 12cm 이상의 나무를 15만 원 내외로 팔수가 있다.

왕벚나무(사진출처 : (주)우진농산 대표 변문수)   조형소나무(경기도 화성 향촌조경)

단풍나무(경기도 화성 향촌조경)   가이스까 향나무(전북 전주 다솔농원)

이론편 조경수 판매 전략의 개요

Tip

비싼 나무로 만들어 팔려면 좋은 묘목을 구해야 한다.

묘목은 뿌리의 발달정도, 수형, 병해충, 가식기간 등의 순으로 검토해야 하고 식재할 농장보다는 가급적 추운지역에서 온 묘목을 선택해야한다. 그래야 적응력이 더 좋고 동해피해를 덜 받는다. 또한 굴취과정에서 식재과정이 짧아야 좋다.

묘목의 구입시 아래와 같은 사항들은 필히 체크하여야 하겠다.
1. 묘목의 줄기와 가지사이의 배치가 잘되어 있고 눈으로 보았을 때 나무가 싱싱해야 한다.
2. 묘목에 상처가 없고 가지의 눈이 충실하고 고르게 배치되어야 된다.
3. 뿌리에 상처가 없고 잔뿌리가 잘 발달되어 있어야 한다.
4. 묘목의 잎이나 가지에 병해충 흔적이 있는지 확인하여야 한다.

백철쭉 묘목(하남시 산림조합 나무시장)   공작단풍 묘목(하남시 산림조합 나무시장)

다른 땅에 있는 나무를 밭떼기로 저렴하게 사서 팔아라

꼭 나무를 직접 키워서 파는 방법만 있는 것은 아니다. 농가에서 생산된 나무를 저렴하게 구입하여 조경회사에 판매를 할 수 있다. 즉 중간상인의 역할을 하는 것인데 수요지의 정보를 알거나 판로가 있다면 가능하다.

또한 어떠한 사정으로 나무를 재배한 밭전체 즉 밭떼기로 판매하는 경우들이 있다. 밭떼기로 구입하면 수형과 생장상태가 좋은 나무만을 선별할 수 없다는 단점이 있지만 가격을 아주 저렴하게 구입할 수 있다. 경우에 따라서는 농장부지를 수년간 공짜로 사용할 수도 있고 아주 저렴하게 임대를 할 수도 있다.

농장조성과 나무 생산을 위한 비용과 부담이 줄고 나무를 판매하기까지 걸리는 시간을 줄일수 있는 장점이 있다.

충남 논산 신풍농원 때죽나무 밭떼기 판매   전남 곡성 소나무 밭떼기 판매

이론편 조경수 판매 전략의 개요

특수목을 저렴하게 사서 비싸게 팔아라

특수목은 수령이 수려한 노거수 및 대형목과 연령이 많은 나무의 관상 가치를 높이기 위해 공을 많이 들인 나무를 말한다. 조달청가격에서 제시할수 있는 나무가 아니라서 그야말로 부르는게 값이다. 대검찰청의 수억 원대의 소나무나 반포 어느 아파트의 10억 원짜리 느티나무가 바로 특수목이다.

다른 일반 나무에 비해 가격이 월등히 높아 대기업등에서는 특수목만 구입해 놓는 구매 팀이 있을 정도이다.

경기도 광명에서 2만평의 농장을 운영하는 어느 농장주는 전국을 돌며 자태가 아름다운 특수목을 수천만 원에 사들여 억대에 판매하곤 한다. 나무를 보는 안목과 판로가 확실하다면 큰돈을 벌수 있다고 귀띔해 주었다.

용트림 소나무(경기도 구리시 송군농원)   수양벚나무(사진출처 : 나산조경 대표 배종섭)

소나무 특수목(경기도 남양주시 석계조경)

향나무 특수목(전북 전주 동부농원)

이론편 조경수 판매 전략의 개요

Tip

조경건설 원 청사 및 감독이 좋아하는 조경수

좋은 나무로 생산하여 잘 판매하려면 조경회사에서 선호하는 조경수 특징을 알아야 한다. 조경회사는 각 수목별로 규격과 수형의 기준이 있는데 아래의 부분만 신경 써서 관리하면 A급으로 취급 받으며 비싸게 팔수 있다.

1. 야생목이 아닌 재배목을 선호한다.
2. 밀식되지 않아야 한다.
   (밀식된 나무는 웃자라며 곁가지가 고루 발달되지 않아 수형이 좋지 않다. 밀식되지 않으려면 수목사이의 간격이 수관의 끝에서 최소 1m이상이 돼야 한다.)
3. 교목은 주간이 단간이고 가지가 사방으로 고루 발육된 것이어야 한다.
4. 사철나무 쥐똥나무 같은 관목은 수형이 곧고 지엽이 치밀해야 한다.
5. 가로수나 열식으로 식재할 경우 수형이 균일해야 한다. 가로수용도의 지하고는 2m이상이어야 한다.
6. 굴취전 뿌리돌림 하여 잔뿌리가 발달된 나무를 선호한다.
7. 뿌리분은 근원직경의 4배 이상이어야 한다
8. 굵은 가지는 가지치기를 하지 않는 것이어야 한다.
9. 병충해가 없고 굴취 운반 식재 등 작업과정에서 훼손되지 않는 것이어야 한다.
10. 선주목, 구상나무, 스트로브잣나무와 같이 원뿔형의 나무는 초두가 손상되지 않는 것이어야 한다.

산에 있는 나무를 팔아라

　산에 있는 소나무로 예를 들어 보면 산에 있는 소나무를 팔기위해서는 굴취허가와 반출허가가 있어야 한다.
　나무를 굴취해도 경관유지가 지장이 없는 임지, 관상수 재배임지, 수종갱신 대상지, 산림형질변경이 허가가 난 곳 등에서 굴취허용이 되는데 굴취허가는 관련관청(구청, 시청, 군청)에서 받아야 한다. 반출허가는 소나무류의 재선충 병을 방제하기 위해 검사 후 허가해 주는 것으로 관련 관공서에서 검사를 한 후에 서류를 받아야 나무를 이전할 수 있다.
　굴취허가와 반출허가가 있다고 모두 해결된 것은 아니다. 10m 등의 소나무를 이전하려면 최소 5ton짜리 차량 진입이 가능해야 한다. 또한 장비나 작업인부가 작업을 할 수 있는 환경이어야 한다. 경사지가 심한 악산이거나 암석덩어리로 곡괭이 질을 못할 정도라면 소나무를 굴취 하기는 불가능 하다. 굴취허가, 반출허가, 작업환경, 차량진입등의 문제가 해결이 된다면 비로소 산에 있는 나무를 팔수 있다.
　산에서 바로 굴취 하여 판매하는 소나무를 산채송(현장용어 : 아라끼)라 하는데 보통 점(근원직경(R):cm)당 2~3만 원정도에 거래가 된다. 즉 R40점의 소나무는 80~120만 원 정도다.
　산에 있는 소나무를 비싸게 팔려면 뿌리돌림 후에 가식(임시로 식재)하여 팔면 된다. 산에는 오래된 노송과 자태가 멋진 특수목 형태의 소나무들이 많다. 그런 나무들을 선별하여 일정기간 뿌리돌림을 한 후에 가식장에 옮겨 심으면 이것이 바로 특수목이 되고 산채송(현장용어 : 아라끼)에서 잔뿌리가 발달한 가식송(현장용어 : 모찌꼬미)이 된다.

산에 있는 소나무(사진출처 : 경주 학림조경 대표 황일환)

뿌리돌림 후 가식장에 옮겨온 소나무
(사진출처 : 경주 학림조경 대표 황일환)

Tip

뿌리돌림에 대한 설명

산이나 노지의 야생상태에서 오랜 시간 자란 나무는 뿌리가 길게 자라 뿌리를 절단하여 이식을 하게 되면 잔뿌리가 거의 붙어있지 않아 생육하기가 쉽지 않다. 이럴 경우 생명력을 유지 할 수 있도록 이식 전에 미리 뿌리를 절단하여 잔뿌리가 내리게 하고 일정 시간후에 옮기는데 이를 뿌리돌림이라 한다. 뿌리돌림의 시기는 이식하기 6개월에서 3년전에 하고 봄 보다는 가을이 더 효과적이다.

뿌리돌림의 방법

1. 일반적으로 뿌리돌림 할 나무 주위를 근원직경의 3~5배를 표준으로 파 내려간다.
2. 이식이 용이한 수종은 한번에 뿌리를 절단해도 되는데 이식이 어려운 수종이나 큰 나무는 2~4등분하여 연차적으로 실시해야 한다.
3. 주의할 점은 뿌리돌림 하는 동안에 바람에 의해 나무가 쓰러지는 일을 방지하기 위해 네 방향으로 자란 굵은 곁뿌리를 하나씩 남겨 두어야 한다. 남겨 둔 굵은 뿌리는 표면의 15㎝정도를 환상 박피(girdling)하여 잔뿌리가 발달할 수 있도록 한다.
4. 흙을 메울 때는 거름이나 부엽토를 섞어 주어 효과적으로 잔뿌리가 발생할 수 있도록 한다. 이때 절대 물을 주입해서는 안 되며 공간이 생기지 않도록 흙을 완전히 밟고 잘 다져 주어야 한다.

이론편 조경수 판매 전략의 개요

Tip

5. 잔뿌리의 건조와 보온을 위하여 가지를 솎아 주거나 건초, 밀집, 나뭇잎 등으로 뿌리 근원부에 5~10㎝ 정도 두께로 덮어 주는 멀칭을 하여 양·수분의 흡수와 증산의 균형을 도모해 주어야 한다.

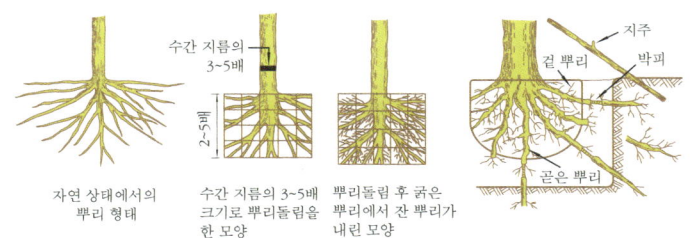

뿌리돌림 과정의 모식도   뿌리를 절단하는 방법

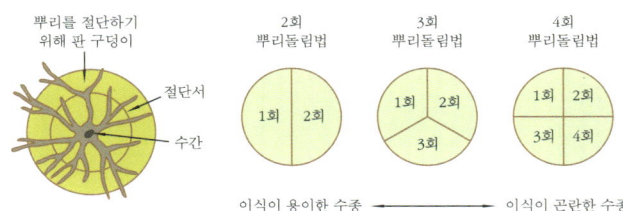

뿌리돌림의 평면도

나무보상

혁신도시, 신도시 개발, 도로확장 등의 공익사업을 위하여 사용된 토지의 나무는 보상을 받을 수 있다. 실제로 트리디비 회원중 혁신도시등의 토지수용으로 인하여 나무 보상을 받아 한 몫을 챙긴 이들도 많다.

나무보상이라 함은 나무 이전에 필요한 비용을 보상하는 것이 원칙이다. 다만 이전이 불가능하거나 공익사업에 직접 사용할 목적으로 취득할 경우에는 나무가격으로 보상을 하기도 한다.

일반적으로 조경수는 이전비를 보상을 받는다.

조경수 이전비 = ① 이식비 + ② 고손액

① 이식비 = 굴취비+운반비+상하차비+식재비+재료비+부대비용
② 고손액 = 조경수가격×고손율(10%~20%)

유실수 이전비 = ① 이식비 + ② 고손액 + ③ 감수액

① 이식비=굴취비+운반비+상하차비+식재비+재료비+부대비용
② 고손액= 조경수가격×고손율(10%~20%)
③ 감수액=순수익×감수율(1차년 100%, 2차년 80%, 3차년40%)

이전비는 정부공시가로 굴취비, 운반비, 상하차비, 식재비, 재료비, 부대비용등이 책정된다. 즉 굴취하고 다시 식재하는

데 드는 모든 비용을 보상 받으므로 되려 나무가격 보다 더 많은 비용을 보상 받을 수 있다.

　또한 보상비를 받고 농지를 비워줄 때 까지 나무 판매를 한다면 최고의 수익을 낼 수 있다. 상황이 이러다 보니 보상을 노리고 나무심기를 하는 사람들이 생기기 마련이다. 실제로 감, 매실 등 2~3년 유실수의 묘목을 2~3천 원에 사다 심으면 묘목당 이전비로 7~8만 원씩을 보상받고 15년생은 그루당 14만 원정도 보상 받을 수 있었다. 그러다 보니 보상가를 높이기 위해 빽빽하게 심어 나무 수량을 올리거나 수령이 오래된 나무를 옮겨 심는 일이 많았다.

　그러나 이것도 옛말이 되었다.

　보상목적의 투기근절 단속을 강화하여 5년 이하 징역과 3천만원 이하 벌금의 처벌을 받을 수 있게 하였고 수시로 정밀 항공사진을 찍은 후에 현장 조사에서 일일이 항공사진과 대조하다 보니 보상을 노리고 나무를 심기는 불가능해졌다. 적발된 불법행위건은 원상복구, 고발, 이행강제부금 부과 등의 조치를 취하여 불법적으로 나무보상을 받는 것은 어렵게 되었다.

그 밖의 나무 판매

토피어리를 하여 조형적 가치를 높여 판매

토피어리 한 향나무 (전남 무안 금산농원)

나무를 특수목 형태로 만들어 판매

특수목 잡기(사진출처 : 한솔농원 대표 차천성)

이론편 조경수 판매 전략의 개요

개인 주택정원의 나무를 팔 수 있나요?

　개인 주택정원의 조경수를 판매 할 수 없느냐는 문의가 종종 들어온다. 나무를 팔고자 하는 사람들의 사연도 다양한데 단독주택을 빌라로 건축하여 분양하려는 사연, 전원주택이 공장부지로 매각되는 사연 또는 신도시 개발로 인해 토지 수용되는 사연등이 있었다. 결론부터 말하자면 주택정원의 조경수를 팔기는 쉽지 않다. 공익사업으로 토지 수용된 주택정원의 나무는 이식비나 나무가격을 보상받을 수 있지만 그 외의 나무들은 판매하기가 만만치 않다.

　일단 주택정원에 식재된 나무들은 그 주택의 환경과 분위기에 맞추어 배치되고 군식으로 밀식되어 있어 수형과 상태가 좋지 않고 오래전에 식재된 나무는 야생목과 같은 상태라 이식률이 좋지 않다. 즉 밀식에 야생목과 같은 상태로서 조경수의 가치로 많이 떨어진다. 관상가치가 있는 독립수가 있을수 있는데 차량진입로나 작업여건이 좋지 않거나 수량이 적어 선뜻 장비와 인부를 동원하여 나무를 구입할 구매자를 찾기가 쉽지 않고 부지를 바로 비워줘야 하기때문에 판매할 시간이 넉넉지 않아 적절한 구매자를 만나기가 쉽지 않다.

주택정원(사진출처 : 포천조경 대표 홍정목)

국내 조경수 현황

조경수를 판매하기에 앞서 국내의 조경수 생산과 수요 현황을 알아보며, 현 시장의 조경수 흐름과 물동량을 파악하여 조경수 판매와 판로 확장에 대한 전략을 모색할 수 있다.

국내 조경수 현황

 조경수를 판매하기에 앞서 국내의 조경수 생산과 수요 현황을 알아볼 필요가 있다. 조경수 현황은 현 시장의 흐름과 물동량을 파악하여 조경수 판매와 판로 확장에 대한 구체적인 전략을 모색할 수 있기에 그렇다.

1. 조경수 생산

구분	2006년	2007년	2008년	2009년
생산량(천본)	48,948	53,455	52,789	82,563
생산액(억원)	7,835	7,239	7,886	7,675

구분	2010년	2011년	2012년	2013년
생산량(천본)	79,434	81,847	80,453	-
생산액(억원)	6,976	7,105	6,120	-

임업통계연보, 산림청(2006년~2012년)

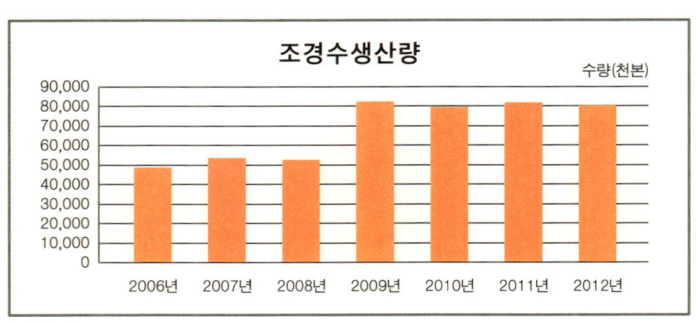

이론편 국내 조경수 현황

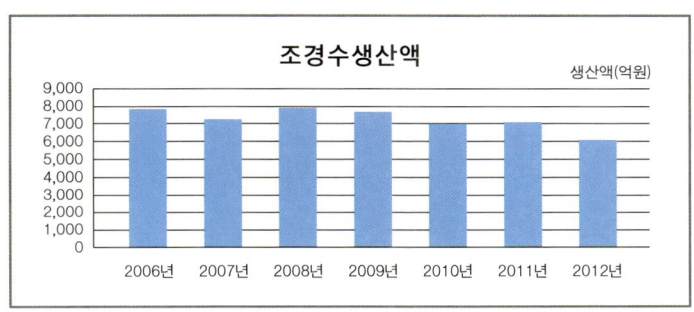

위의 그림은 2006년~2012년 조경수 생산량과 조경수 생산액에 대한 그래프이다. 그래프를 자세히 보면 조경수 생산량은 2009년 기점으로 두배 가까이 상승한 반면에 조경수 생산액은 오히려 떨어져 보인다.

두 그래프를 비교하면 조경수시장의 전성기가 2008년을 정점으로 하향세로 내려가고 있는 것이 보인다. 그 이유는 2008년도의 조경수 생산은 5,200만본 이었고 2011년도에는 8,200만본으로 생산량은 37% 증가하였다.

그러나 생산액은 과거에 비해 오히려 떨어지고 있어 조경수가 헐값에 팔려 나가고 있다는 것이 보여진다. 즉 수요보다 공급이 월등하게 높다는 것이다. 이런 이유로 조경수 생산농가가 많이 힘들어 하고 있다.

2. 조경공사 수주

구분	2006년	2007년	2008년	2009년
조경식재공사업	14,712	18,833	19,426	22,149

구분	2010년	2011년	2012년	2013년
조경식재공사업	21,009	20,086	18,664	-

통계연보 대한전문건설협회(2006년~2012년)

 한눈에도 조경공사업은 2009년 까지 상승하였다가 소폭 준것이 보인다. 그런데 이상한 것이 느껴진다. 공사수주는 늘어나는데 앞에서 본 조경수 생산액은 오히려 떨어지고 있다는 것이다. 생산지에서 가져온 7400억(평균생산액)원의 조경수를 가지고 식재공사하면 2005년에는 1조4,000억원, 2006년에는 1조5,000억원, 2008년에는 1조9,000억원, 2009년에는 2조2,000억원으로 늘어난다는 것이다. 이상하다.

　조경수 생산액, 즉 나무값은 조금씩 떨어지는데 식재 공사비는 올라가고 있다. 2012년도에는 건설경기의 불황으로 공사수주액이 조금 떨어졌으나 조경수 생산액은 비교할 수 없을 만큼 더 많이 떨어졌다. 누군가 돈을 빼가고 있는 것 같다.

3. 국내 조경수 유통현황

일반적으로 국내 조경수 유통경로는 다음과 같다.

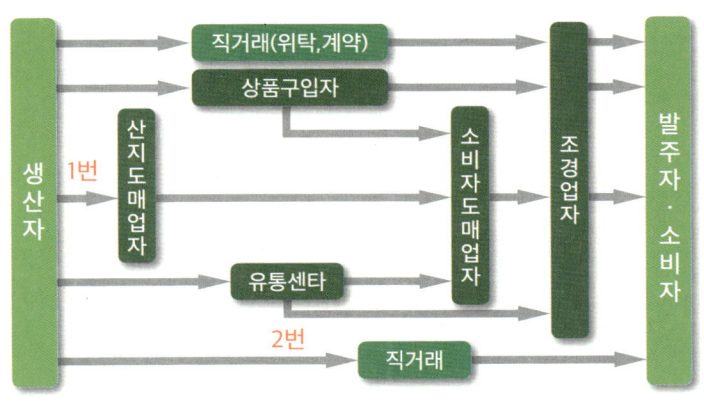

출처 : 산림청

　발주자라고 하면 대부분 관공서와 대기업이고 조경업자라고 하면 공사를 하도급 받은 시공업체이다. 가장 이상적인 유통은 2번과 같이 직거래로 생산자가 발주자에게 납품하는 것이다. 중간상인을 거치지 않는다면 그만큼 유통비가 줄어들어 이윤율이 높아지게 된다. 그러나 대부분 1번과 같은 유통구조로 이루어지고 있다. 조경수 생산자가 피부로 느끼는 유통구조는 다음과 같을 것이다.

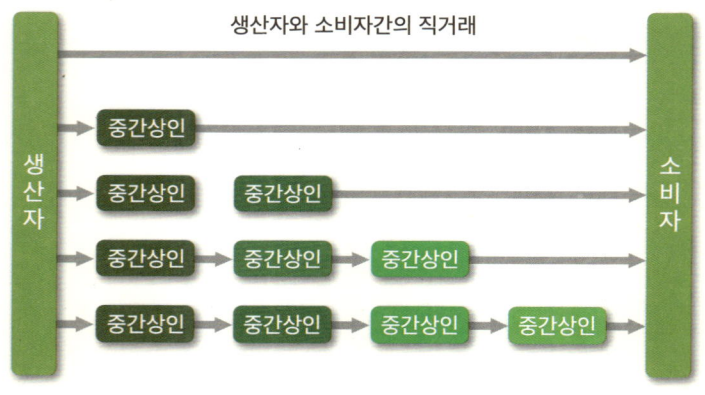

출처 : 산림청

이제야 돈을 빼간 자들을 찾았다.

중간상인의 능력에 따라서 생산자도 소비자도 손해 볼 수밖에 없는 구조로 되어 있다. 정부나 관련 단체에서 유통구조를 줄이기 위해 '조경수 유통센터', '조경수 직거래 장터', '나무시장' 등을 육성하고 있으며 트리디비와 같이 직거래 시스템을 도입한 사이트가 많이 있어도 기존의 유통경로를 개선하기는 쉽지 않은 것이 문제이다.

Tip

해외선진 사례

국내의 조경수생산업의 해결해야 할 문제점은 복잡한 유통경로, 노지생산재배, 낙후된 조경생산장비, 조경수 규격화의 기준 미비, 조경수가격 결정 등 여러개가 있다.

그러나 조경수 선진국인 북미와 북유럽 일본등에서는 고품질의 조경수를 생산하기 위해서 생산시설과 경영기법을 개발하여 조경수 생산의 생산성과 효율성을 향상시키고 있다. 즉 첨단화된 다양한 기계를 활용할 뿐 아니라 컨테이너 재배뿐만 아니라 노지 재배에서도 조경수 생산 및 운반·유통체계를 산업화 하였다.

뿐만 아니라 국가의 정책적인 지원이나 조경회사에서 도시 인근에 조경수 도소매 유통센터를 설립하여 유통하도록 하였다. 이들 유통센터에서는 조경수목 생산과 유통뿐 아니라 조경교육 및 문화교류 등이 이루어져 최상의 조경 산업 환경을 제공한다. 이로인하여 유럽, 미국, 일본, 중국 등 세계 각국에 고품질의 조경수를 수출하기도 한다.

나무 이식 및 굴취 장비

4. 조경수 생산의 비전

최근에 조경수 생산지의 현실은 조경수 과잉생산으로 가격이 폭락했고 건설경기 악화로 인하여 경쟁적으로 난립하는 중간상인들이 저가로 유통하고 있는 이중고에 시달리고 있다.

그렇다면 해결방법은 없을까?
있다. 많이 남도록 잘 팔면 된다.

건설경기의 불황의 이유인 부동산 침체를 바로 잡으려는 정부의 의지와 향후 대규모 조경관련 프로젝트가 대기하고 있어 유통비용을 줄이고 잘 판매하면 향후 15년 정도는 조경수 시장이 밝다고 전문가들이 말하고 있다.

향후 대규모 조경관련 국가 프로젝트

세종도시 2200만평, 혁신도시 2000만평, 개성공단 2000만평 아시아, 태평양 정신공원 230만평, 기업도시 3000만평, 신도시, 새만금, 경제자유구역, 지역특구, 도시재건사업, 2014년 인천 아시아게임, 2015년 광주 유니버시아드, 2016년 DMZ세계평화공원, 2018년 평창 동계올림픽

남북통일은 대박!!!!

이론편 국내 조경수 현황

현재 조경건설업과 조경수시장의 거품이 빠지고 정리가 되고 있다.

구분	2006년	2007년	2008년	2009년
생산량(천본)	48,948	53,455	52,789	82,563
생산액(억원)	7,835	7,239	7,886	7,675
조경식재공사업 수주액(억원)	14,712	18,833	19,426	22,149
조경식재업면허	25,378	29,069	32,962	37,030
구분	2010년	2011년	2012년	2013년
생산량(천본)	79,434	81,847	80,453	-
생산액(억원)	6,976	7,105	6,120	-
조경식재공사업 수주액(억원)	21,009	20,086	18,664	-
조경식재업면허	41,242	43,983	45,334	-

구분	2005년	2010년
조경수 임가수	7,696명 (전업:1,119 부업:6,577)	12,002명 (전업:1,137 부업:10,518)

농림어업총조사 공표주기 5년

표를 보면 조경수 생산액은 그리 크게 변동이 없는데 생산량이 2009년을 기점으로 크게 늘었다. 임가수를 보면 전체의 임가수가 늘었으나 전업임가의 수는 거의 변동이 없고 부업 임가수가 아주 크게 늘었다는 것을 볼 수 있다.

 조경공사 수주액이 늘면서 돈이 된다니까 신규 부업 임가들이 많이 생겨났다는 것을 볼 수 있다. 앞에서 말한 유통구조의 문제도 있지만 전업으로 하는 전문 임가에서는 질이 좋은 조경수를 생산하지만 신규 부업 임가에서는 수형관리가 안되어 생산량만 늘리고 전체적인 조경수 가격을 떨어뜨리는 요인이 되고 있다.

 2012년을 보면 생산액이 많이 줄었다. 또한 조경식재 공사업의 수주액도 줄었다. 2013년은 통계자료가 없어 볼 수 없지만 11년 만에 최악의 건설경기라니 전보다는 더 어려웠을 것이다. 조경공사업의 수주액이 폭락하자 조경수 생산액도 같이 폭락하는데 이 구조로는 틀림없이 조경업체도 조경수생산농가도 타격을 받을 수밖에 없는 구조이다. 이는 거품이 빠지고 있다는 증거이다. 우후죽순으로 생겨난 조경업체도 돈만 바라보고 투자한 부업형태의 농가도 정리가 된다는 것이다.

 앞으로 5년 후를 생각하며 나무농사를 지으면 경기와 상관없이 나무농사로 여유롭게 살 수 있고 건설경기가 좋아지면 특수를 누릴 것이며 통일이 되면 더욱 대박이라고 생각한다.

 물론 잘 키우고 잘 팔아야 한다.

조경수 판매를 위해 알아야 할 지식

조경수를 판매하기 위해서는 몇 가지 알아야 할 지식이 있다. 조경수의 분류, 조경수 규격 표시, 조경수 가격, 현장용어, 조경수를 팔시기, 누가 나무를 사는가?, 조경수 판매전 준비 등은 대부분의 농장주들이 알고 있는 내용이겠지만 초보 농장주를 생각하여 언급하고 넘어 가겠다.

조경수 판매를 위해 알아야 할 지식

조경수를 판매하기 위해서는 몇 가지 알아야 할 지식이 있다. 대부분 알고 있는 내용이겠지만 초보 농장주를 생각하여 잠깐 언급하고 넘어 가겠다.

1. 조경수의 분류

나무키(수고)에 의한 분류
교목(4m이상), 관목(4m이하), 만경목(물체를 감싸고 올라감)

잎의 모양에 따른 분류
침엽수(바늘모양의 잎), 활엽수(넓적한 잎)

겨울철 잎의 탈락여부에 따른 분류
낙엽수(겨울철 잎이 떨어지는 것), 상록수(잎이 붙어있는 것)

용도에 따른 분류
유실수(과실생산), 관상수(관상 가치) 공원수, 녹음수, 가로수 등등

학문적 분류(생식기관의 모양에 따라서)
나자식물, 피자식물

이론편 조경수 판매를 위해 알아야 할 지식

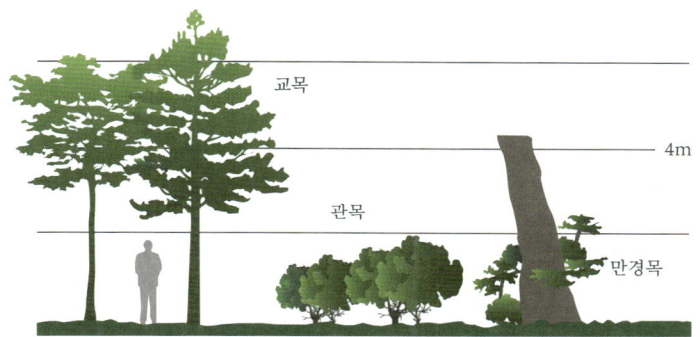

나무크기에 따른 분류

조달청가격에 나와 있는 분류
(나무의 키와 잎의 탈락여부 : 조경인이 많이 사용)

분류	종류
상록수교목(상교)	소나무, 향나무, 잣나무, 독일가문비
낙엽수교목(낙교)	느티나무, 단풍나무, 은행나무, 왕벚나무
상록수관목(상관)	회양목, 주목, 사철나무
낙엽수관목(낙관)	무궁화, 개나리, 산철쭉, 쥐똥나무
낙엽활엽만경목	노박덩굴, 다래덩굴
낙엽활엽덩굴성식물	청가시덩굴, 청미래덩굴
지피	맥문동, 잔디, 조릿대
초화류	각종 야생초(풀)

2. 조경수 규격 표시

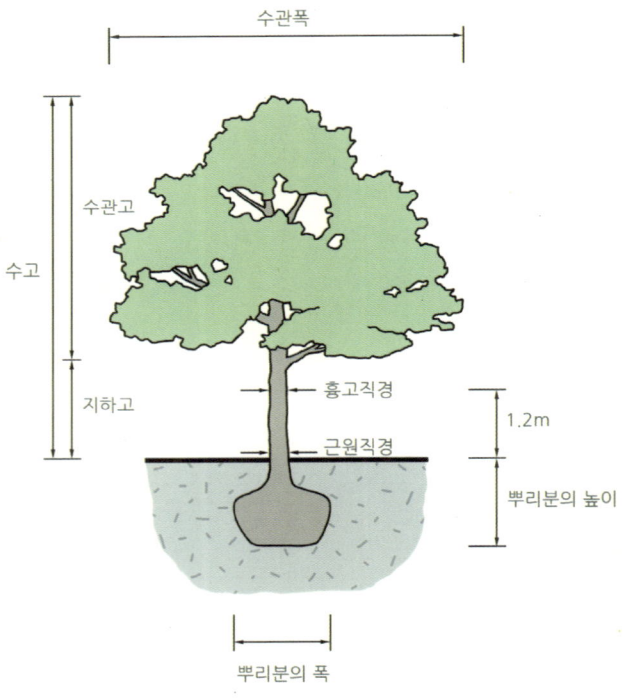

근원직경과 흉고직경에서의 직경의 의미는 나무 수간(줄기)의 단면에서 중심을 지나는 직선으로 그 둘레 위의 두 점을 이은 선분을 말한다. 즉 오른쪽 그림에서 보이는 원형 단면에서 중심을 지나는 A와 B를 잇는 선을 직경이라고 한다.

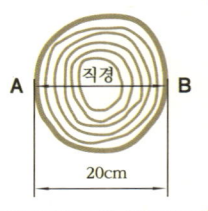

이론편 조경수 판매를 위해 알아야 할 지식

구분	약칭	단위	내용	수종
수고	H : height	m	지표면에서 정상까지 수직거리(웃자람제외)	대부분의 수목 적용
수관폭	W : width	m	수관 투명면 양단 직선 거리(웃자람제외)타원형(불규칙교목,관목,조형목포함) 최대,최소치 평균	잣나무, 전나무, 오엽송, 독일가문비, 금송, 해당화, 덩굴장미 등
근원직경	R : root	cm	지표면 부위 수간직경(원형 아닌 경우 최대, 최소치 평균)	감나무, 꽃사과, 낙우송, 노각나무, 대추나무, 마가목, 매화나무, 모감주나무, 목련, 배롱나무, 등나무, 후박나무, 능소화, 참나무류, 단풍나무, 산딸나무, 이팝나무, 자귀나무, 쪽동백, 칠엽수, 회화나무, 감나무, 느티나무, 모과나무, 만경류 등
흉고직경	B : breast	cm	지표면 1.2m 부위 수간직경쌍간의 경우 흉고직경 합의70% 또는 최대 흉고직경중 큰것	가중나무, 계수나무, 메타세콰이어, 벽오동, 수양버들, 자작나무, 층층나무, 목백합, 산사나무, 은행나무, 버즘나무, 왕벚나무, 은단풍 등
지하고	C : canopy	m	지표면에서 최하단 수간(가지)까지 수직거리	

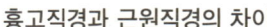

흉고직경과 근원직경의 차이

흉고직경(R)과 근원직경(B)은 조경수 가격을 결정하는 결정적인 규격이다. 어떤 나무는 근원직경을, 어떤 나무는 흉고직경을 측정하는데 그 차이를 알아보겠다. 120cm 이하에서 줄기가 여러갈래로 갈라지는 나무는 근원직경(R)으로 측정을 하고 120cm 이상에서 줄기가 갈라지는 수목은 흉고직경(b)으로 측정을 한다.

근원직경(R) 측정 수목

감나무, 겹벗나무, 곰솔, 공작단풍나무, 구실잣밤나무, 굴참나무, 귀룽나무, 꽃복숭아, 꽃사과, 낙우송, 노각나무, 느릅나무, 느티나무, 능소화, 다래덩굴, 대나무, 대왕참나무, 대추나무, 동백나무, 등나무, 떡갈나무, 때죽나무, 매화나무, 모감주나무, 모과나무, 목련, 목백합(튜립나무), 무궁화, 물푸레나무, 배롱나무, 백송, 리수, 산단풍, 산사나무, 산수유, 상수리나무, 석류나무, 소나무, 쉬나무, 신갈나무, 아그배나무, 야광나무, 이팝나무, 일본목련, 자귀나무, 자엽자두, 졸참나무, 중국단풍, 쪽동백, 청단풍, 층층나무, 칠엽수, 팥배나무, 팽나무, 피나무, 홍단풍, 회화나무, 후박나무

이론편 조경수 판매를 위해 알아야 할 지식

Tip

흉고직경(B) 측정 수목

가중나무, 갈참나무, 개잎갈나무(히말라야시다), 메타세쿼이어, 버즘나무(플라타너스), 벽오동, 산벚나무, 왕벚나무, 은행나무, 자작나무

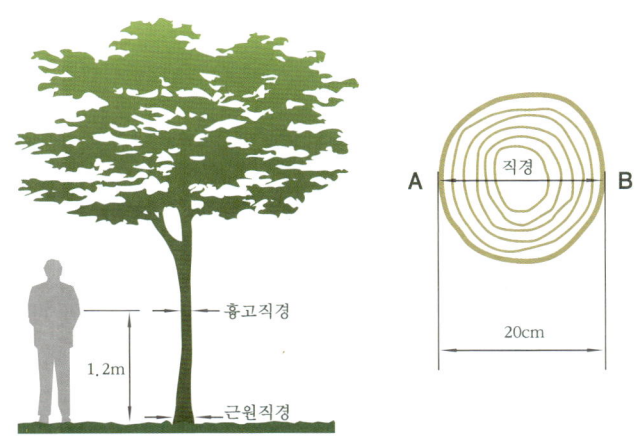

흉고직경과 근원직경 차이

3. 조경수 가격

한때 조경수가격은 조달청가격, 조경수협회 가격, 물가정보지 가격 이렇게 세 가지가 있었다. 그러나 조경수협회 가격은 "공정거래법에 위반 된다"하여 게재할 수 없게 되었다.

그래서 이제는 조달청가격과 물가정보지 가격만이 공표가 된다. 특히 조달청가격은 조경설계사와 시공사 그리고 조경수 생산, 유통에서 더 많이 활용한다.

조달청가격

조달청가격은 수형이 좋고, 수목 상태가 좋은 A급 조경수를 기준으로 현장도착 가격을 말한다. 보통 관공서납품가로 책정을 하고 있으며 조경수가격의 기준이 되지만 실거래 가격과는 차이가 나는 가격이다.

조달청 가격	조달청 가격은 수형과 상태가 A급인 현장 도착도 가격입니다.	
ㄱㄴㄷㄹㅁㅂㅅㅇㅈㅊㅋㅌㅍㅎ		
규격 : 수고(H), 수관폭(W), 수관길이(L), 흉고직경(B), 근원직경(R)		
수종명	규격	2014 조달청 가격	비고
가시나무	H2.0 × R4	44,700	상급(남부)
	H2.5 × R5	65,700	
	H3.0 × R6	115,000	
	H3.5 × R8	193,000	
	H4.0 × R10	272,000	
	H4.5 × R12	371,000	
	H4.5 × R15	550,000	
	H5.0 × R18	780,000	
	H5.0 × R20	1,182,000	
	H1.2 × W0.4	13,900	

이론편 조경수 판매를 위해 알아야 할 지식

조경수 판매 방식에 따른 가격 종류

조경수 판매 방식에 따라 목대가격, 작업상차가격(작상가), 현장 도착도 가격(도착가)로 보통 세 가지로 나눈다.

이는 판매자의 작업 능력과 농장부지의 상황 그리고 구매회사의 사정에 따라 달라지게 되는데 그 특징은 다음과 같다.

월별	수종
목대가격	나무가격만 책정한다. 나무를 굴취하고 운송하는 모든 작업은 구매자가 해야 하며 굴취작업이 어려운 초보 생산자나 투잡으로 농장운영을 하는 이들이 선호 하고 있다.
작업상차 가격 (작상가)	나무가격과 나무를 굴취 작업하여 차량에 실을 때까지의 가격이다. 보통 작상가라고 부르기도 하며 작업 인력과 굴삭기, 기중기와 같은 장비를 섭외해야 한다. 작상가로 구입하는 구매자는 현장에서 상차(차에 실음) 확인 후에 비용을 지불하기도 한다. 일반적으로 굴취작업이 가능한 농장주들이 선호한다.
현장 도착도 가격 (도착가)	나무가 공사현장에 도착까지 하는 가격으로 수목가격 + 굴취작업비용+운반비등을 포함하는 가격이다. 공사현장에 도착한 나무의 상태를 보고 비용을 지불하는 구매자가 있을 수 있는데 불성실하게 굴취작업을 하거나 운반도중 나무에 이상이 생길 때 마찰이 생길 수 있다. 일반적으로 현장에서 수목을 구매하는 조경업체에서 선호를 하는 편이며 서로의 신뢰와 거래간의 꼼꼼한 협의가 필요한 가격이다.

4. 많이 사용되는 현장용어

현장에서 사용되는 용어들이다. 조경 서적이나 논문에서 사용되는 용어가 아닌 실무현장에서 거래와 작업을 위해 사용되는 용어들이다.

현장용어	풀이
점	나무의 근원직경, 흉고직경의 규격을 지칭하는 말이다. 단위는 cm로 표기 된다. 예) 느티나무 3점짜리. 　　(흉고직경 3cm의 느티나무를 말한다)
주	나무의 수량을 말한다. 예) 사과나무 50주, (사과나무 50그루)
갓	수관부를 지칭하는 말이다. 예) 갓을 잘 썼다. (수관부가 삼각형 수형으로 되어 있고 사방으로 가지가 뻗어있는 상태)
목대	나무의 줄기 일부분을 지칭하며 나무의 줄기와 분의 윗부분이 만나는 부분으로 기의 맨 아래쪽을 말한다. 예) 깔깔이로 목대부터 묶어라! 목대를 파이자로 　　재보아라!
아라끼	소나무 작업에서 많이 사용하고 있으며 산에 서있는 소나무등의 야생목 또는 그 소나무를 굴취한 상태까지 이르는 외래어이다.

이론편 조경수 판매를 위해 알아야 할 지식

현장용어	풀이
모찌꼬미	소나무 작업에서 많이 사용하는데, 아라끼를 분을 떠서 가식장 으로 옮겨 심은 것을 말하는 것으로 외래어이다. 가식 기간으로 가장 적당한 기간은 3년 6개월~4년 사이가 좋다. 너무 짧으면 잔뿌리가 발달하지 않아 다음 식재 시 고사할 확률이 높고 5년이 넘어가면 분 상태가 나오지 않아 다시 분 작업을 해야 하는 번거로움이 있다.
우죽	나무의 줄기들을 이르는 말이다. 예) 우죽을 잘 묶어라! (상차작업 후에 가지들을 끈이나 로프 등으로 싸리 빗자루 모양으로 묶으라는 말)
밥	잎의 밀도를 이를 때 쓰는 말이다. 예) 반송이 밥이 적당하다. 선주목 하단이 밥이 덜 찼다. 밥이 너무 많이 찼다.
촛대 또는 상순	소나무 또는 나무 줄기의 맨 윗부분을 뜻한다. 예) 촛대가 부러졌다.(줄기의 끝이 부러졌다) 　　촛대가 살아있다.(줄기의 끝이 반듯한 모양을 이룸)
뒷	수관의 모양이 절반 또는 한 방향에 가지가 없는 모양이다. 예) 뒷이 없다.(가지가 한쪽방향만 있고 다른 한 방향은 비어 있는 상태)

조경커뮤니티(cafe.naver.com/teamsis) 참조

5. 조경수 판매 시기

"조경수 출하 예정 시기, 즉 나무는 언제 팔아야 하는가?"

라는 물음은 농장을 조성할때부터 미리 생각해 두어야 한다. 생산될 나무의 규격, 즉 목표규격을 미리 정해 놓아야 묘목의 정식 간격이 결정되고 그로인해 식재면적, 인권비, 식재비 등을 산출할 수 있다. 먼저 '나는 1년생 묘목을 식재하여 중간묘를 만들어 농가에 판매를 할까? 아니면 중간묘를 사서 성목으로 키워 조경업체에 가로수나 정원수로 판매를 할까?' 를 정해야 한다. 조경공사 현장에 식재되는 기준을 맞추면 목표규격이 나온다.

가로수등에 쓰이는 교목류는 R10cm~R15cm를 많이 사용한다. 목표규격을 최대 R15cm를 잡고 주로 R12cm부터 판매를 한다는 생각을 해보자. 혹시 정식간격을 작게 잡아 밀식이 되거나 필요에 의해서 솎아내야 할 경우에는 10점부터 판매를 하면 된다. 수도권이나 주요단지 등에는 R15cm이상의 가로수가 들어가지만 15cm 초과해서는 대량판매가 쉽지 않을 것이다.

스트로브잣나무나 전나무와 같은 상록 교목은 H3.0×W1.5 이 판매하기 적절한 규격이다.

영산홍, 회양목, 철쭉류등의 관목은 보통 H0.4×W0.4 의 규격으로 설계값을 잡고 있다. 규격 H0.4×W0.4 내에서 판매를 해야한다. 가끔 그 규격이상의 대형 철쭉류를 찾을 수 있지만 그것을 바라보고 키울 필요는 없다.

이론편 조경수 판매를 위해 알아야 할 지식

아래는 LH 공사에서 나오는 조경공사 설계 지침서이다.

주요 공간별 조경수 사용규격

1. 아파트

(1) 교목류
　(가) 동전면 및 중층식재 : 나무높이 2.0~3.5m의 상록수 및 근원
　　　　　　　　　　　　　직경 6~15cm의 낙엽수
　(나) 동주변 및 외곽수림대 : 나무높이 2.5~4.0m의 상록수 및 근원
　　　　　　　　　　　　　　직경 6~15cm의 낙엽수
　(다) 단지입구 및 주요지점 : 나무높이 3.0~5.0m이상의 상록수 및
　　　　　　　　　　　　　　근원직경 20cm이상의 낙엽수
　(라) 주차장 등의 그늘식재 : 근원직경 12cm이상의 상록수 및 낙엽수
　(마) 가로수 : 근원직경 10~15cm의 상록수 및 낙엽수

(2) 관목류
　(가) 수　　벽 : 나무높이 1.0~1.5m
　(나) 군　　식 : 나무높이 0.3~1.0m
　(다) 중층식재 : 나무높이 1.0~2.0m

2. 공원 및 기반시설

(1) 교목류
   (가) 외곽경계식재 : 대형 - H3.5m 이상
                          소형 - H1.5 ~ 2.5m
   (나) 녹지내부식재 : 주목 - H4.0m 내외
                          부목 - H3.0m 내외
                          저목 - H2.0m 내외
   (다) 독립수, 주요지점(입구, 광장부, 촛점지역)의 경관조성이나
        지표식재 : H4.0m 이상, B15 이상, R20 이상
   (라) 생울타리 : 목표하는 최소높이
   (마) 가로수 : 대로 - R15, B12 내외(지하고 2.0m이상 유지)
                중로 - R12, B10

(2) 관목류
   (가) 지피군식 : H 0.3 ~ 0.5m
   (나) 중층식재 : H 1.0 ~ 2.0m
   (다) 생울타리 : 목표하는 최소높이

(3) 회화나무, 단풍나무, 칠엽수, 참나무류, 밤나무, 호도나무, 자귀나무
    등 근원부위의 규격이 급변하는 수종은 선정기준을 별도로 한다

나무를 키우며 오해하는 부분이 있는데 '지금 팔지 않아도 된다. 나무는 크면 클수록 큰 돈이 된다.'이다.

판매의 때를 놓치게 되면 정식간격이 좁아져 밀식이 된다. 그렇게 되면 수형이 나빠져서 상품성이 떨어지므로 판매가 더 어려워진다. 그리고 큰 나무의 가격은 높아지나 상대적으로 수요가 많지 않아서 판매가 쉽지 않다. 예를 들어 어느 지방의 가로수는 규격을 R12cm에 맞춰 식재하는데 그 보다 큰 규격은 나무가격이 맞지 않을 뿐 아니라 식재하는데 인부의 품값이나 그 밖의 경비가 더 들어 시공사 측에서도 반가워 하지 않는다.

6. 누가 나무를 사는가?

'그럼 조경수는 누가 구매하는가?'부터 알아 보면, 발주처(지자체, 공사 등)에서 공사를 발주하게 되면, 수의계약 및 입찰을 통하여 공사를 낙찰받은 업체(일반건설업, 전문건설업을 등록)가 시공하게 된다.

일반적으로 조경공사를 시공할 수 있는 업체는 일반건설업인 조경공사업을 등록하였거나, 전문건설업인 조경식재공사업 및 조경시설물설치공사업을 등록한 업체가 할 수 있다.

예를 들어 발주처에서 조경공사를 일반공사업이나 전문건설업으로 발주할 수 있으며, 수급형태에 따라 원도급자, 하도급자로 나뉜다. 원도급자는 주로 일반건설업을 등록한 업체이며, 하도급자는 전문건설업을 등록한 업체이다.

여기서 대부분의 조경수 구매는 식재공사를 하는 조경식재공사업을 등록한 조경회사에게 있다. 조경식재공사업을 등록한 전문조경회사에다 나무를 팔았다고 하면 잘 팔았다고 생각하면 된다. 그러나 현실은 식재전문조경회사의 직원들이 일일이 전국을 돌며 조경수를 구매하기가 만만치 않아 납품업체라는 중간상인이 끼게 된다. 그 중간상인들이 중간에 많이 관여하게 되면 유통경로가 복잡하게 되어 생산자에게 돌아갈 이윤이 많이 떨어지게 된다. 중간상인을 여러명 거칠수록 손해를 보는 것이 이런 이유이다.

그렇다면 대기업에서는 조경수를 구매 하지 않는가? 꼭 그렇지는 않다. 특수목이나 대형목 등 가격이 비싼 나무들을 직접 구매하기도 한다. 특수목이라 불리우는 나무는 수천만원에서 수억원 심지어는 수십억원에 식재되기도 하는데 대기업 수목구매팀에서는 특수목이나 대형목 중심으로 미리 수급해 놓다가 식재하는 경우도 있다.

이밖에 현장감독이 식재업체와 함께 조경수를 선택하는 방법이 있고 아파트 단지의 입주자 대표들이 원하는 수목을 직접 결정하는 경우도 있다.

품질이 좋고 농장주가 신뢰가 있으며 인지도가 좋은 조경수 생산농가의 나무들은 관공서에서 직접 제안하거나 추천하는 경우도 있다. 예를 들어 창성농원의 생울타리용 사철나무는 관급공사에 많이 사용하는 나무로 유명하기도 하다.

7. 조경수 판매전 준비

판매할 조경수 현황

조경수를 판매하기에 앞서 자신 농장에 식재되어 있는 조경수의 수종, 규격, 상태 등의 구체적인 현황파악과 나무의 수형과 상처, 병충해 여부등의 상태를 구체적으로 볼 수 있는 사진 등이 필요하다.

조경수 현황파악을 주먹구구식으로 하지 말고 엑셀이나 워드, 한글과 같은 프로그램으로 구체적으로 문서화 해 놓으면 조경수의 보유 현황을 파악하기 수월하다.

판매할 조경수를 위해 다양한 사진을 준비해 놓는다.

농장 전경, 재배 과정, 수형과 규격을 알아볼 수 있는 사진 등의 다양한 사진을 준비하면 사진을 보면서 농장주의 섬세함과 성실함 그리고 신뢰감을 구매자가 느낄 수 있을 것이다.

수종명	규격	수량(주)	수종명	규격	수량(주)
미선나무	H0.8~1.2×3~5지	1만5천주	명자나무	H0.6~W0.4~0.7	1만주
국수나무	H1.0~1.2×W0.4~0.6	1만주	무궁화	H1.0~W0.2~0.6	5천주
생강나무	H1.2~1.5	3천주	황매화	H1.0×W0.4~0.6	2만주
갯버들	H0.6~1.5	15만주	흰말채	H1.0~1.2×W0.4~0.6	2만주
눈향	L0.6~1.0	1만주	병꽃나무	H1.0~1.5×W0.4~0.8	5천주
덜꿩나무	H1.0~1.5×W0.4~0.6	2만주	말발도리	H1.0~1.5×W0.3~0.6	1만2천주
눈주목	H0.3~0.4×W0.3~0.4	4만주	좀작살	H1.0~1.5×W0.3~0.6	2만주
개나리	H1.0~1.2×3~5지	4만주	꽝꽝나무	H0.3~0.4×W0.3~0.4	2만주
덩쿨장미	H1.0~1.5×3지	1만주	맥문동	3~5분얼	5만주
낙상홍	H1.0~1.5×W0.4~0.6	3만주	회양목	H0.3×W0.2	2만주
남천	H0.8~1.2×3지	3만주	쥐똥나무	H1.0~1.5×W0.3~0.4	1만주
매자나무	H0.5~0.8×W0.3~0.6	1만주	사철나무	H1.0~1.5×W0.3~0.5	5만주
불두화	H1.0~1.5×W0.5~1.0	3천주	측백나무	H1.2~2.0×W0.3~0.6	1만주
목수국	H0.6~1.5×W0.3~1.0	1만주	화살나무	H0.6~1.2×W0.3~0.8	3만주
조릿대	H0.4~0.6×3지이상	3천주	진달래	H0.8~1.2×W0.3	3만주
피라칸사스	H1.0~1.5×W0.3~0.5	1만주	자산홍	H0.3~0.5×W0.3~0.5	8만주
해당화	H0.8~1.2×~5지	1만주	영산홍	H0.3~0.4×W0.3~0.4	5만주
조팝나무	H0.6~1.2×W0.3~0.6	3만주	백철쭉	H0.3~0.5×W0.3~0.5	2만주
꼬리조팝	H0.6~1.2×W0.3~0.6	8만주	산철쭉	H0.3~0.4×W0.3~0.4	3만주
공조팝	H0.6~1.2×W0.3~0.6	1만주	겹철쭉	H0.3~0.4×W0.3~0.4	1만주
붉은조팝	H0.6~1.2×W0.3~0.6	5천주	홍·황철쭉	H0.3~0.4×W0.3~0.4	1만주
라일락	H1.2~2.0×W0.5~1.0	3천주	대추나무	R5~10	480주
느릅나무	R1~2	2,500주	메타세쿼이아	B4~8	1,500주
개쉬땅	H1.0~W0.3~0.5	5천주			

수목 보유 현황을 문서로 작성한 예

이론편 조경수 판매를 위해 알아야 할 지식

나무의 상태와 수형을 쉽게 가늠할 수 있게 찍은 사진

구매자가 나무의 상태와 수형을 쉽게 가늠할 수 있도록 최대한 배려하여 사진을 찍어야 한다.

특히 규격을 알아볼수 있게 사진을 찍는다.

측정도구가 없을 때는 삽자루, 담배갑을 놓거나 사람이 곁에 있어 나무의 크기 및 규격을 가늠할 수 있도록 한다.

조경수의 규격을 알아볼 수 있게 찍은 사진   나무의 크기를 가늠할 수 있게 찍은 사진

농장 주소, 위치도, 연락처

　농장주소와 연락처 그리고 위치도를 준비하여 나무를 보러 오는 사람들이 쉽게 찾아 올수 있도록 한다. 특히 홈페이지, 현수막, 카탈로그 등에 노출 할 때는 전화번호를 휴대폰번호와 일반 전화번호를 같이 하는 것이 좋다. 휴대폰 번호 하나 있는 것보다 일반 전화번호를 올려주면 농장주의 신뢰가 더 좋아진다.

　농장주소만 있으면 네비게이션으로 쉽게 찾아 올 수 있고 스마트폰으로는 농장부지를 인공위성 사진으로도 볼 수 있어 농장을 더 쉽게 찾을 수 있다.

　주의) 조경수 절도범들이 많아지고 있다. 농장에 관리인이 없거나 인적이 드문 곳에 식재되어 절도에 노출되어 있는 곳이라면 안전장치를 한 후에 주소와 위치도를 공개해야 한다.

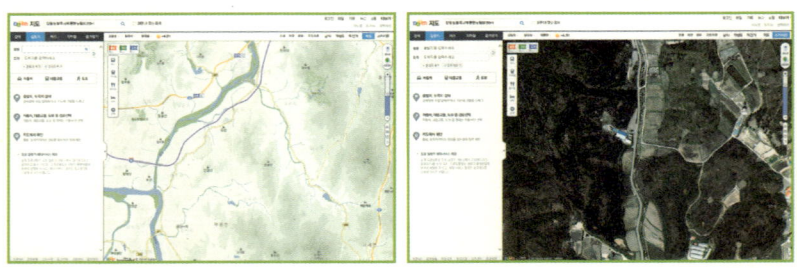

다음 포털사이트 지도 검색

조경수 가격

다음은 팔고자 하는 나무의 가격을 알아야 한다.

공시화된 조경수가격은 조달청가격이 있다. 그런데 조달청가격은 실질적으로 거래되는 실거래가와는 거리가 멀다. 그래도 가격의 기준을 말할 때 조달청가격의 40%를 목대가라 말을 하는데 생산자는 40%를 구매자는 30%에 사려는 경우들이 있어 가격 격차에 대한 갈등이 있다.

트리디비에서는 매년 조경수 생산실태 조사를 한다.
아래의 그래프는 조경수 유통가격을 얼마나 알고 있는지를 물었던 설문의 결과값이다.

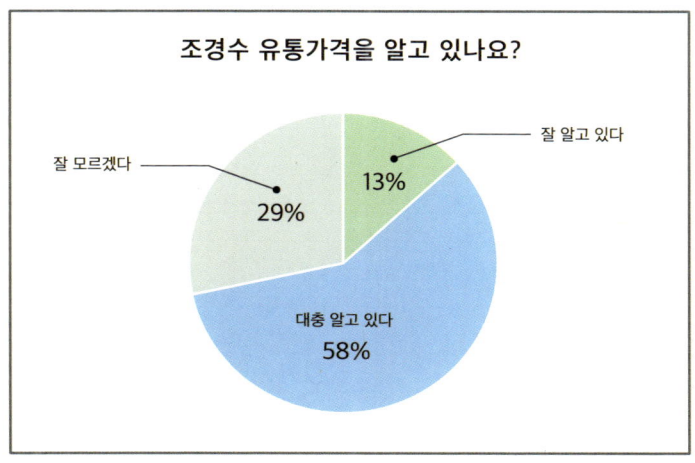

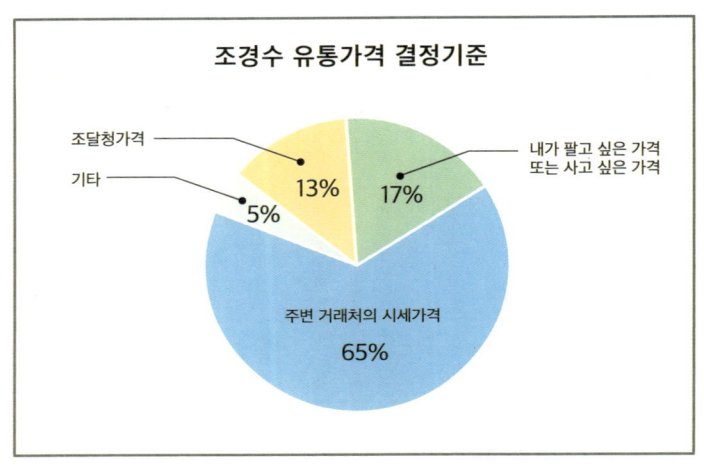

　75%의 참여자가 조경수 가격을 알고 있다고 했고 가격기준은 조달청가격보다는 주변의 시세를 통해 가격 정보를 안다는 응답이 가장 많았다. 조경수 실거래가를 알려면 현장에 직접 뛰어 들어서 많이 사고, 팔고 하면 자연히 알겠지만 그렇지 않고서는 주변 거래처를 통해 아는 방법밖에 없다.
　다짜고짜 판매자에게 전화해서 나무 가격이 얼마나 되는지 묻는 것도 만만치는 않을 것이다. 그래도 내가 팔 나무가격을 알아야 하는데 주변 거래처에게 많이 물어 봐야한다. 트리디비에서는 일년에 두 번 "조경수 실거래가"를 조사한다. 트리디비 회원들에게 나무를 얼마에 사고팔았는지를 직접 물어봤다. 가격의 기준이 없다보니 그래프가 들쑥날쑥이다.

이론편 조경수 판매를 위해 알아야 할 지식

조사한 내용을 토대로 트리디비에서 실거래가를 정리한 것이다. 매회 조사가 많아질수록 조경수시장의 나무가격과 흐름 등을 예측할 수 있는 귀한 자료가 되어 조경산업에 종사하는 이들에게 조금이나마 도움을 줄 수 있으리라 생각한다.

Tip

너무 비싸게 팔지 마라

　나무를 구입하려는 사람은 가능한 싸게 구입하려하고 판매하는 사람은 비싸게 판매하려고 하는 것이 보통의 생각이다. 그러나 나무 가격으로 판매자와 구매자가 흥정으로 대립각을 이루면 서로 불편해지고 다시는 거래하고 싶지 않을 것이다.

　나무를 팔 때 이 나무의 좋은 점들을 먼저 잘 설명해주자. "동해를 입지 않도록 겨울에 관리를 잘하였고 정식간격을 충분히 주어서 수형이 바로 잡혀있으며 다른 농장보다 분을 크게떠서 이식하는데 문제없을 것이다. 그래서 가장 좋은 상태로 판매를 하는데 다른 곳보다는 5%정도 저렴하게 주겠다."면서 넉넉하게 제안을 해보자.

　구매자 입장에서는 무조건 싼 나무는 품질을 의심을 할 수 밖에 없고 무조건 비싼 나무에 대해서는 더 저렴한 곳을 찾으려고 백방으로 알아보려고 하는데 좋은 나무를 조금 저렴하게 구입을 한다면 구매자도 만족해할 것이다. 또한 한번 이렇게 맺은 인연은 오래 갈수 밖에 없다.

그 외에 준비할 것

조경수를 판매하려면 나무를 굴취 하여 운반차에 올려주는 것이 일반이다. 이를 작업상차라 하는데 조경수를 구매하려는 사람이 작업할 인부와 장비를 끌고 다닐 수 없기 때문에 일반적으로 생산자가 작업해서 판매한다.

작업을 할 인부와 굴삭기, 크레인과 같은 장비, 나무의 뿌리분을 안전하게 보호할 고무바, 녹화마대, 반생이 등의 조경자재에 대한 준비가 미리 있어야 판매가 가능하다.

위와 같은 작업능력이 안되거나 부담스럽다면 나무만 판매하는 목대가로 판매를 하면 된다. 그러나 목대로 판매를 하면 작업상차가보다는 가격이 내려가고 구매자가 현지에서 작업인부와 장비, 조경자재를 해결해야 하기에 부담스러워 하며, 농장주 입장에서는 굴취 후 농장에 대한 정리가 바로 될 수 없다는 단점이 발생한다.

인부, 장비, 조경자재에 대한 구체적인 내용은 다음의 실전편 에서 자세히 다루도록 하겠다.

조경수 판매 전략 **실전편**

중간상거래 판매 방법

농장의 나무를 구입하여 이윤을 남긴 후 조경회사에 판매를 하는 납품업체, 지역 구성원 활용, 온라인 커뮤니티 활용, 조경수 유통센터 이용, 조합의 중간상 거래 방법에 대한 내용이다.

중간상거래 판매 방법

1. 납품업체 납품

납품업체는 농가의 나무를 구입하여 이윤을 남긴 후 조경회사에 판매를 하는 업체로서 조경수 생산농가와 조경회사에 다리 역할을 해주어 원활한 유통을 하는데 중요한 역할을 한다. 조경수 생산농가와 조경회사가 직거래를 하면 양쪽 모두에게 이윤이 생기나 생산농가 입장에서는 나무를 구매해줄 조경회사와 연결이 쉽지 않고 조경회사 입장에서도 복잡한 이유가 있다.

이를테면 조경회사가 전국을 돌며 현장에 쓸 모든 나무를 구입하기는 쉽지 않다. 때로는 작업상차를 직접해야할 때가 있어 인부를 구해 작업을 하게 되면 출장이 잦아 업무에 차질이 생기고 경비 지출이 많아지게 된다. 수종별로 나무농장 등과 직거래로 하다보면 다양한 거래선이 이뤄져 관리하기가 힘들다. 또한 조경회사는 납품받은 나무를 식재한 후 1달 뒤쯤에 나무대금을 지급하기 원하는데 생산농가에서는 대금을 기다리는 것이 불안하다.

이런 이유로 납품업체가 중간상인 역할을 하며 양쪽의 필요를 충족시키는 것이다. 현수막이나 농장부지의 조경수를 보고 접선을 하기에 굳이 찾지 않아도 나무농사를 진 농가는 지속적인 만남이 있었으리라 생각한다.

Tip

나까마(중간 소개업자라는 외래어)

지금의 중간상인 또는 납품업체를 예전에는 "나까마"로 부르기도 했는데 인터넷과 조경수 정보가 거의 없던 과거에 더 활발했던 조경수 나까마는 전국을 돌아다니면서 파악한 조경수 정보를 가지고 생산자와 소비자에게 돌아갈 유통이윤을 독점했었다. 돈다발을 들고 다니면서 현금이 필요한 영세농가를 타겟으로 헐값에 조경수를 사 들여 비싼 값에 판매하곤했다.

이로 인해 "나무농사는 돈을 벌수 없다"는 인식을 갖게 했고 오늘날까지 조경수생산업이 영세의 틀에서 벗어나지 못하는 경우를 만들었다.

2. 인근지역 조경수 생산자와 협력

조경수생산자가 밀집되어 있는 지역에서 서로 조경수 매물 정보를 공유하고 부족한 나무나, 없는 나무를 보완하여 같이 납품하는 형식이다. 이곳에도 납품업체가 있을 수 있으며 판매할 때마다 수수료가 붙을 수 있으며 거쳐 가는 유통경로가 많을수록 더 많은 수수료가 붙는다. 지역모임이나 지역 산림조합, 조경수 단체 등에 가입하여 정기적인 교류를 통해 신뢰를 쌓고 정보를 나누고 한 후에 납품하기도 한다.

3. 온라인 커뮤니티 활용

네이버, 다음과 같은 포털사이트 조경수 관련 카페의 회원들이 정보를 서로 공유하여 같이 납품하는 형식으로 지역 구성원을 활용하는 것보다는 전국구이다. 조경수, 조경수판매 등으로 키워드를 검색하면 해당 카페들을 찾을 수 있다. 회원가입하고 성실하게 활동을 하면 온라인으로 나무판매를 할 수 있다. 대표적인 카페로는 아래와 같다.
- 네이버 조경커뮤니티 : http://cafe.naver.com/teamsis
- 다음 나무사랑연구회 : http://cafe.daum.net/pinepure

조경커뮤니티(http://cafe.naver.com/teamsis) 나무사랑연구회(http://cafe.daum.net/pinepure)

4. 조경수 유통센터 이용방법

국고보조로 지원을 받아 2003년도부터 연차적으로 조경수 유통센터를 전국적으로 설립하고 있다. 각 지역 조경수유통센터에 전화하여 조경수 판매에 대한 문의를 하면 된다.

명칭	연락처	홈페이지
호남조경수유통센터	062-374-8898	http://namu8282.com
경남조경수유통센터	055-844-7740	
대구,경북조경수유통센터	054-956-7500	http://www.treepark.co.kr

한국조경수협회 사이트 참조

5. 조합이용 방법

산림조합, 협동조합 그리고 조경수 영농조합 등에서는 다양한 판매 루트를 찾기 위해 노력하고 있으며 조경수판매를 하고 있다. 각 조합에 가입을 하여 활동하거나 조합에 전화를 하여 조경수 판매문의를 하면 된다.

산림조합

산림조합중앙회 조합원가입은 어렵지 않다. 산림소유자와

임업인이면 누구나 조합원에 가입할 수 있다. 조합원이 되면 현장중심의 산림경영지도를 받을 수 있고 조합의 대리경영이나 협업경영을 통해 산림경영의 전문성을 높일 수 있다.

그 밖에 여러 혜택들이 있는데 각종 임업보조금이나 정부 정책자금등 우선 배정받을 수 있고 조합업 생산 임산물에 대해 공동판매, 우선판매는 물론 필요 물자의 공동구매 및 조합 시설을 우선 이용할 수 있다. 생활 가계 자금 및 자녀 장학자금의 융자도 산림조합원의 혜택 중의 하나이다.

산림조합 홈페이지(http://www.nfcf.or.kr)

산림조합 지역본부 연락처

지역	전화번호	지역	전화번호
경기	031-233-5941~5	강원	033-255-5458
충북	043-276-4602	충남	042-537-8814~5
전북	063-244-5101~5	전남	062-954-0071
경북	053-957-7990~2	경남	055-284-3431~2
제주	064-712-9211~2		

실전편 중간상거래 판매 방법

조경수영농조합

각 지역마다 조경수영농조합들이 있다. 조경수 생산지에서 가까운 영농조합에 가입을 하거나 조경수 판매에 대한 문의를 해보면 된다. 네이버나 다음과 같은 포털사이트의 지도 검색에서 "조경수조합"등과 같은 키워드로 검색해보면 쉽게 찾을 수 있다.

전의 조경수 영농조합

옥천 이원 묘목영농조합

지역별 조경수영농조합 연락처

지역	명칭	전화번호	주소
경기	나무인 영농조합법인	031-424-8484	경기도 의왕시 청계동 655
	조경영농조합법인	031-966-7760	경기도 고양시 덕양구 주교동276
충청	논산조경수영농조합법인	041-734-6713	충남 논산시 계백로 1029
	운주조경수영농조합법인	044-863-0103	세종시 전의면 노곡리 78
	아산조경수생산자 영농조합법인	041-541-1412	충남 아산시 인주면 공세길 127-3
	전의조경수산림수특용수 화훼생산영농조합법인	044-864-1122	세종시 전의면 읍내리 287-2
전라	고창조경수영농조합법인	063-564-2474	전북 고창군 고창읍 주곡리 376
	구례조경수영농조합	061-783-8199	전남 구례군 구례읍 서시천로 38
	전남조경수유통영농조합법인	061-751-7979	전남 순천시 서면 순천로 112
	순천만조경수유통 영농조합법인	061-746-3400	전남 순천시 순천만길 140
	소양조경수생산자 영농조합법인	063-244-0414	전북 완주군 소양면 송광새터길 3
	대강면조경수영농조합		전북 남원시 대강면 사석리
	에덴조경수영농조합		전북 정읍시 공평동
	상관면조경수영농조합법인	063-245-0338	전북 완주군 상관면 죽림리
	흥양영농조합법인	061-843-0088	전남 고흥군 도덕면 가야리 3162
경상	경산묘목 영농조합법인	053-856-0072	경북 경산시 하양읍 대조리 447-2
강원	강원조경수유통센터 영농조합법인	033-644-8245	강원도 강릉시 내곡동 364-5

직거래 판매 방법

직거래 방식은 나무 생산자와 구매자가 중간 유통 과정이 없이 직접 만나 거래를 하는 경우이다. 중간 상인에 의한 유통이윤이 붙지 않아 생산자는 비싸게 팔 수 있고 구매자는 좀 더 저렴하게 살 수 있어 모두에게 이익이 된다.

직거래 판매 방법

　직거래 방식은 나무 생산자와 구매자가 중간유통과정이 없이 직접 만나 거래를 하는 경우이다. 중간상인에 의한 유통 이윤이 붙지 않아 생산자는 비싸게 팔수 있고 구매자는 좀 더 저렴하게 살수있어 모두에게 이익이 된다.
　직거래 방식에는 크게 두 가지로 구분할 수 있다. 하나는 인터넷을 통한 온라인 거래 방식이고 또 하나는 인터넷을 거치지 않고 현장에서 직접 거래하는 오프라인 방식이다.

1. 오프라인 직거래 방식

■ 현수막

농장 입구에 현수막 설치　　　　큰 도로 옆에 간판설치
　　　　　　　　　　　　　　　(사진출처 : 훈조경농원 대표 김정식)

실전편 직거래 판매 방법

농장 입구나 사람이 많이 다니는 곳에 현수막을 설치한다.

때론 교차로, 광장, 터미널, 기차역등에 사람이 많이 다니는 곳에 설치할 수가 있는데 관할 구청, 동사무소, 읍면사무소에 가서 "옥외광고"에 대해 상담하면 지정된 장소에 설치를 할 수 있다.

■ 신문광고

신문광고는 조선일보, 동아일보 같은 중앙 일간지와 부산일보, 전북일보등과 같은 지방지, 그리고 한국조경신문 같은 전문지가 있다. 각 신문사의 발행부수와 위치 그리고 사이즈에 따라 광고비는 천차만별이다.

신문 광고를 하고 싶다면 한국조경신문의 정보마당을 추천한다. 타 신문에 비해 저렴하고 많은 조경인들이 구독하기 때문에 효과적이다.

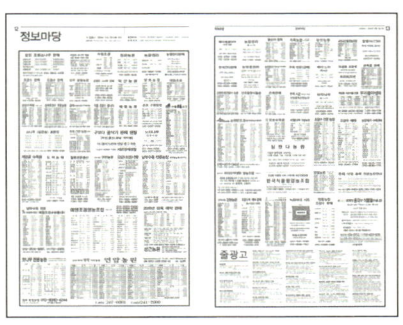

조경신문 광고문의 : 02-488-2554

■ 카탈로그 제작

적잖은 비용이 드는 광고방식이다.

우리는 보통 광고 전단지, 광고 우편물을 받고, 읽는 둥 마는 둥 하고 쓰레기통에 던져 버리는 경우가 있다. 그러나 정성이 베어있고 좋은 정보들이 많은 카탈로그는 책꽂이에 두어 필요할때 마다 살펴보곤 한다.

조경수 생산지에서는 많이 사용하지 않은 방식이지만 일단 나무판매 카탈로그가 배포되면 확실한 효과를 얻을 수 있다. 조경수 생산지의 신뢰가 올라가고 이미지가 좋아지며 농장명과 주요 상품, 그리고 연락처를 지속적으로 접할수 있어 대형 원예종묘나 대형조경자재상에서 주로 많이 하고 있다.

미림원예종묘의 카탈로그

창성농원 브로셔

실전편 직거래 판매 방법

예를 들어 미림원예종묘의 카탈로그는 그 인기가 아주 좋다. 상품의 홍보와 더불어 상품의 전반적인 정보를 담고 있어 조경인들이 많은 활용을 하고 있기에 그렇다.

■ DM발송

아무리 좋은 카탈로그라도 구매자에게 유포가 되지 않는다면 효과는 없다. 카탈로그, 전단지, 하다못해 인사말과 함께 보내는 명함 한 장이 필요한 고객에게 전달이 되면 조경수판매의 큰 힘이 될 것 이다.

DM발송은 우편물을 발송하는 것을 말한다. 조경수는 대부분 조경회사에서 구매하기 때문에 조경회사에 우편 발송하면 된다. 각 조경공사업을 등록한 업체의 주소는 대한전문건설협회(http://www.kosca.or.kr)를 통하여 확인할수 있다.

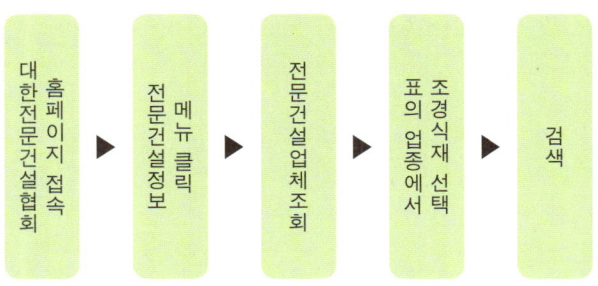

대한전문건설협회 홈페이지 http://www.kosca.or.kr로 접속하여 위 표에 해당하는 버튼을 순서되로 클릭하여 검색 이용하면 된다.

■ 조경식재 공사 낙찰업체 찾아보기

조경식재 공사 낙찰업체와 직접 거래하는 것도 좋은 방법이다. 조경수는 생산지와 조경수식재현장의 거리가 짧을수록 나무의 상태가 좋고 운송비도 적게 들어 식재업체에선 같은 값이라면 가까운 농장의 나무를 선호한다. 생산지 근방의 조경 공사하는 낙찰업체가 없는지 살펴보고 직접 연락을 취하거나, 문자나 카탈로그를 발송하면 좋은 효과를 기대할 수 있다. 낙찰업체는 나라장터(http://www.g2b.go.kr)사이트에서 찾아 볼수 있다.

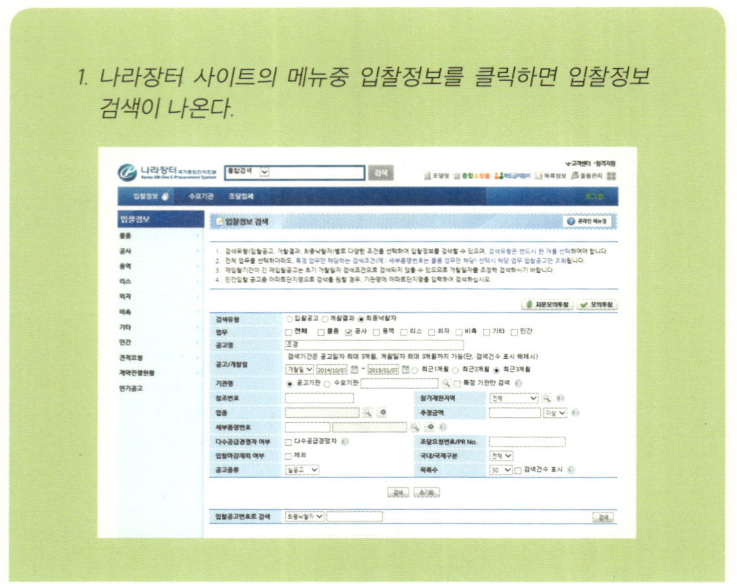

1. 나라장터 사이트의 메뉴중 입찰정보를 클릭하면 입찰정보 검색이 나온다.

실전편 직거래 판매 방법

2. 검색유형은 [최종낙찰자], 업무는 [공사], 공고명은 [조경]을 입력후 검색한다.

3. 최종낙찰자 목록이 나온다. 목록중 낙찰회사명을 클릭하면 회사의 정보를 볼수 있다.

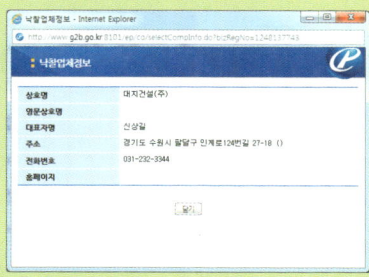

2. 온라인 직거래 방식

키워드 광고

 네이버나 다음과 같은 포털사이트에서 "조경수", "묘목", "조경수판매", "나무시장" 등 조경수 관련 키워드로 검색할 때 사이트 상단에서 검색되는 것을 말한다.
 키워드 광고 효과는 아주 좋다. 조경수를 구매하려는 조경회사의 직원들이 대부분 인터넷 세대이므로 필요한 조경수를 구입하기 위해 가장 먼저 활용하는 것이 인터넷 검색이기에 그렇다. 보통 네이버(naver.com)와 다음(daum.net)에 키워드 광고를 신청하면 되는데 입찰방식으로 이뤄져서 한번 클릭할 때 마다 광고비가 빠져나가는 형식이다.

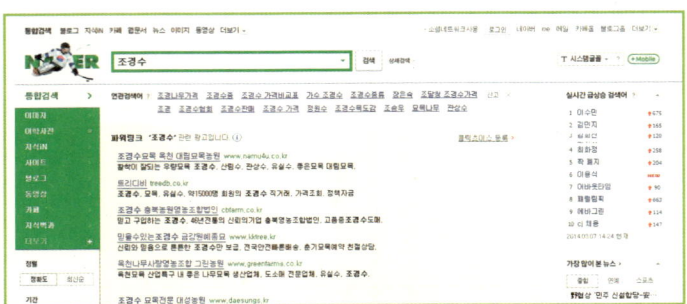
네이버 키워드 검색

실전편 직거래 판매 방법

다음 키워드 검색

조경수라는 키워드로 광고를 한다면 클릭당 1~2천 원정도 비용이 든다. 예를 들어 어떤 방문객이 네이버에 조경수라는 키워드로 검색을 하여 키워드와 연결된 정보를 클릭한다면 클릭당 비용을 1천 원이 빠져 나가게 되고 10,000번의 클릭이 있을 때의 비용은 1,000만 원 정도가 든다는 것이다. 하루에 100명이 키워드 검색으로 농장 홈페이지에 접속했다면 10만 원의 비용이 지출되고 그렇게 약 100일이면 1,000만원이 지출된다는 것이다.

키워드광고는 조경수라는 키워드 뿐만 아니라 '묘목', '묘목시장', '조경수판매' 등 관련 키워드 여러개로 광고를 하고 포털사이트 업체도 네이버, 다음, 구글, 네오클릭등 여러개의 업체들이 있기 때문에 비용이 만만치 않다.

포털사이트 키워드 [조경수] 비용 : 클릭당 (1~2천 원)

1,000원(클릭당) × 10,000회 = 1,000만원

광고 방법은 네이버나 다음등의 포털 사이트에 네이버 검색광고, 다음 검색광고라는 키워드로 검색하여 접속하면 된다.

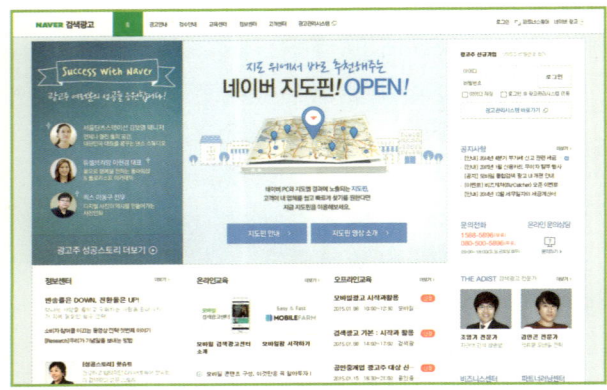

네이버 검색광고

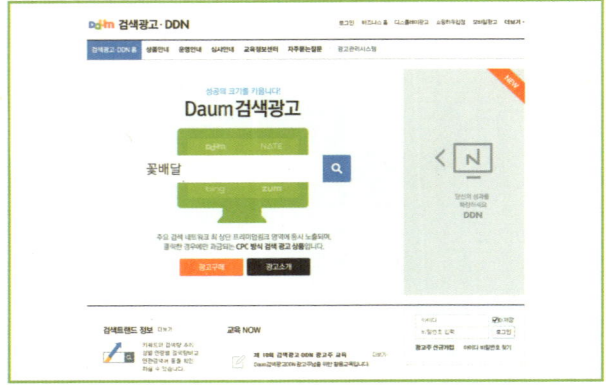

다음 검색광고

실전편 직거래 판매 방법

웹사이트 제작

홈페이지제작 업체를 통한 웹사이트

카페, 블로그, SNS를 통하여 구현된 웹사이트 사진

키워드 광고를 이용하려면 최소한 웹사이트(홈페이지)가 있어야 한다. 웹사이트는 홈페이지 제작업체에 비용을 지불하여 제작하면 된다. 비용을 지불하지 않는 방법으로는 네이버나 다음과 같은 포털사이트에서 블로그나 카페를 만드는 방법이 있다. 또한 페이스북, 트위터와 같은 SNS를 이용하는 방법도 좋은 방법이다.

웹사이트를 제작할 때 꼭 모바일웹이나 어플리케이션으로도 구현되게 했으면 한다. 컴퓨터 앞에 앉아서 정보를 찾는 사람도 있지만 이동 중에 또는 현장에서 스마트폰으로 조경수를 찾는 이들이 많아서 그렇다. 모바일이나 어플리케이션으로 연동되는 웹사이트를 제작하려면 수백만원 이상의 비용이 들어간다.

그러나 주요 포털사이트의 블로그나 카페 그리고 SNS같은 경우는 무료이면서 스마트폰에서 쉽게 볼수 있도록 되어 있어 이것들을 잘 이용하면 더 유용할것이다.

오픈마켓을 통한 판매방식

옥션(www.auction.co.kr), G마켓(www.gmarket.co.kr) 등과 같은 오픈마켓 사이트에 조경수를 판매하는 방법도 있다. 포털사이트와 마찬가지로 워낙 많은 사람들이 방문하는 곳으로 조경수 판매자나 구매자도 많이 들어온다.

옥션이나 G마켓 같은 사이트에 조경수라는 키워드로 검색하면 나무판매를 하려는 생산자의 상품과 정보를 쉽게 볼수

실전편 직거래 판매 방법

있다. 판매할 나무의 사진은 물론 가격도 게시되어 있고 현금 결제나 카드결제등 다양한 결제가 가능하며 택배, 직접전달 등의 다양한 배송방법이 있어 구매자가 상품을 구입하는 것은 어렵지 않다.

다만 판매자 입장에서 정확하게 가격을 제시하여야 하고 배송이 필수인지라 배송이 가능한 묘목이나 관목 위주로 많이 이용하고 판매수량에 대한 수수료를 물게 된다. 또한 반품과 환불 조건이 있어 구매자의 단순변심에 의해 수목 상태를 꼬투리 잡아 반품이나 환불을 요구하게 되면 곤란한 입장에 처할 수도 있다.

판매 방법은 각 사이트의 매뉴얼을 참조하면 된다.

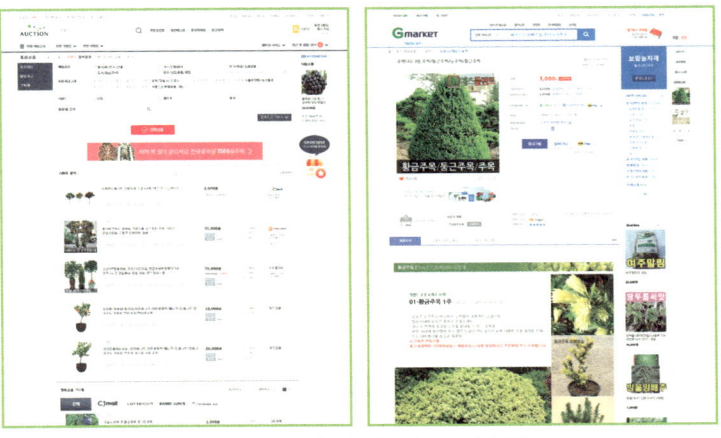

오픈마켓 웹사이트(옥션, G마켓, 11번가 등)

조경수 직거래 사이트 이용

트리디비(treedb.co.kr)와 같이 조경수 생산자와 구매자를 직접 연결해주는 조경수 직거래 사이트를 이용하는 것이다. 조경수 직거래 사이트는 조경관련인들만 들어오는 전문 사이트로 정확한 타겟으로 조경수 홍보, 광고, 판매를 할 수 있다는 장점이 있다.

앞에서 소개한 모든 마케팅 비용중에 가장 저렴하며 전국적인 판로를 지속적으로 형성할 수 있는 장점이 있다.

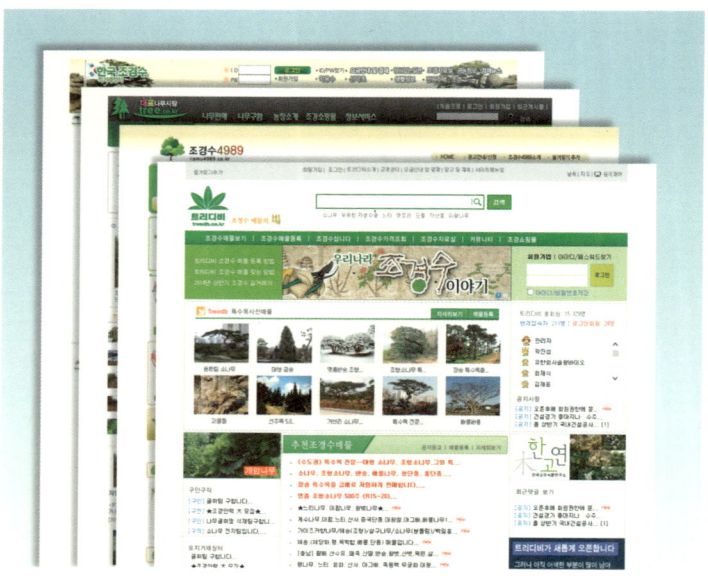

실전편 직거래 판매 방법

3. 판매 방식 제안 및 비용

구분	예상비용	효과
중간상인	수수료	현재 가장 일반적인 거래방식이며 중간경로를 많이 거칠수록 이윤율이 떨어진다.
유통센터 / 조합	수수료 / 가입비	조경수협회 조합에 가입을 해야하며 가입비와 수수료를 동시에 지불한다.
현수막	약 10만원 / 개	한정된 지역광고이다.
신문광고	132,000원 / 월 (한국조경신문 정보마당)	오프라인으로 전국적이며 명확한 타겟에 의한 광고로 효율적이다.
카다로그 제작 및 DM발송	제작비 : 300~500여만원 / 2000부 우편발송 : 100만원/2000통	많은 비용이 소요되나 기획의도에 따라 좋은 효과를 가질 수 있다.
키워드광고 "조경수"	1000만원 / 만클릭당(네이버) 800만원 / 만클릭당(다음)	많은 비용이 소요되나 광고효과는 좋다.
옥션, 지마켓	12%/판매액	판매 효과는 좋으나 수수료가 많이 지출되고 배송이 가능한 묘목, 관목 위주로 등록을 하는 것이 좋다.
트리디비 (직거래 사이트)	165,000원/1년 정회원	온라인 직거래로 가장 저렴한 비용이 발생하고 전국적이며 지속적인 판로를 확보할 수 있다.

판매 방식 및 판매방식에 따른 예상비용

안전한 조경수 거래

조경수를 거래하다 보면 생각지 못한 낭패를 볼 때가 있다. 무조건 믿고 오라 하여 장시간 차를 타고 농장에 갔더니 눈에 차지 않은 조경수만 가득할 때가 있고, 현장에서 받아보니 규격 미달에 상태불량인 나무들이 기다리고 있으며, 믿었던 업체에서 대금지불을 한도 끝도 없이 미룰 때도 있다. 더구나 나무 대금을 뜯기는 일들이 있곤 한다.

안전한 조경수 거래

조경수를 거래하다 보면 생각지 못한 낭패를 볼때가 있다. 무조건 믿고 오라 하여 장시간 차를 타고 농장에 갔더니 눈에 차지 않은 조경수만 가득할 때가 있고, 현장에서 받아보니 규격 미달에 상태불량인 나무들이 기다리고 있으며, 믿었던 업체에서 대금지불을 한도 끝도 없이 미룰 때도 있다. 더구나 나무 대금을 떼이는 일들이 있곤 한다. 트리디비의 설문조사(2012년)에서 사기 당한 경험을 물었더니 답변자 1203명중 65%가 사기를 당한 경험이 있다고 한다. 나무를 거래하는 사람 절반 이상이 낭패를 본 꼴이 되는데 심각하지 않을 수 없다.

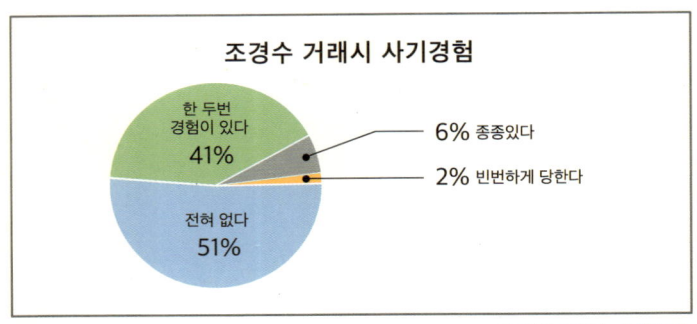

2012년 조경수 실태조사

1. 피해사례 숙지하기

아래는 조경수 거래를 하면서 판매자와 구매자간에 불미스러운 일로 피해를 본 사례이다. 대부분 같은 수법으로 피해를 보곤 하는데 잘 숙지하여 조경수 거래시 참조해야 한다.

가. 구매자측의 행태

● 수목의 시세가 많이 떨어졌다고 하면서 말도 안되는
  현금으로 밭떼기 구매

조경수 가격과 시세의 정보를 모르는 농가에 접근하여 현금다발을 들이대며 헐값에 사는 일이 종종 있다. 당장 현금이 필요한 농가는 울며겨자먹는 심정으로 헐값으로 판매를 하기도 한다.
위와 비슷한 사례로 3명이 한팀을 이루는 납품업자가 있었다. 시세로 25만원 정도하는 느티나무를 한사람이 가서 "나무 상태가 안좋고 가격이 많이 떨어져서 10만원에 사겠다."고 한다. 농장주는 "말도 안되는 가격이다."라며 돌려보낸다. 그 후에 다른 한 사람이 찾아와 "9만원이라면 느티나무를 사겠다."고 한다. 농장주는 마음이 흔들린다. '지난번에 온 사람에게 10만원에 팔 껄...'하면서 말이다. 이제 마지막으로 한사람이 온다. "느티나무 가격이 너무 안좋은데 12만원에 사주겠다."고 한다. 농장주는 뒤도 안돌아보고 납품업자에게 12만원에 넘기게 된다.

● 약간의 선금을 지불하고 물량을 전달 받으면 연락두절

어느 나무 농장에 나무를 사겠다는 점잖은 사람이 찾아왔다.
전체 나무값의 10%를 주면서 언제까지 나무 작업을 하면 차를 가져와서 실어 가겠다고 한다. 선금을 받은 농장주는 안심을 하고 나무를

굴취하여 차에 실을 준비를 다 해놓았다. 구매자는 먼저 차에 실으라고 하면서 잔금을 폰뱅킹으로 결제한다고 하면서 시도를 한다. "전화가 안 터지는 지역이라 폰뱅킹이 안 된다."는 등 핑계를 대면서 차로 이동하면서 큰길로 나가면 바로 폰뱅킹으로 결제한다면서 나무를 실은 차를 타고 유유히 빠져나간다.
결제 확인이 안된 농장주는 구매자에게 전화를 하지만 전화를 받지 않는다.
전화번호를 근거로 경찰서에 가서 수사를 의뢰해도 대포폰이라 결국 구매자를 찾을수 없다고 한다.

● 여러군데 농가와 접촉하여 살 것 같이 말해놓고 작업 지시를 내린 후 가장 저렴한 한 곳만 거래하고 나머지 농가와는 연락두절

어느 현장에서 구하기 힘든 수종의 나무를 급하게 찾는다.
이 사실을 아는 중간상인은 인터넷 사이트에 나무를 급하게 구한다는 게시글을 남긴다. 그 나무를 가진 여러 농장주의 연락을 받은 중간상인은 "내일 사러 갈테니 작업해 놓으라."며 작업 지시를 내린다. 몇몇 농가는 '내일 팔수 있다.'는 생각으로 굴취하고 뿌리분을 만들며 열심히 준비를 한다.
다음날, 중간상인은 가장 저렴하고 가까운 생산지의 나무만을 구입하고 다른 농장주와는 연락을 두절한다.
나무를 팔지 못한 농장주는 굴취 작업한 인부의 품값, 장비값 그리고 조경 자재값을 날리고 또 다시 비용을 들여 식재를 하면서 손해보고

화도 나는 일을 경험하게 된다.

● 현장도착가로 나무를 받아 놓고 나무 상태를 꼬투리 잡아서
  10~20%를 깎는 경우

어떤 종묘사에서 대량의 조경수를 현장도착가로 구입한다. 농장주는 정성스럽게 굴취 작업하여 차에 실어 보내고 나무를 잘 받았는지 전화를 한다. 종묘사측에서는 현장에서 받은 나무의 상태가 너무 안좋아 식재할 수 없는 나무가 너무 많다는 꼬투리를 잡으면서 10~20% 깎아야 한다고 한다. 그럴리 없다는 농장주의 말에 할 수 없이 다시 돌려보낸다고 협박성의 말을 전한다. 농장주는 반품 받으면 차량운송비, 작업비, 자재비등 손해가 막심하여 어쩔 수 없이 깎아 주게 된다. 반대로 재미를 본 업체는 이와 같은 방식으로 여러 농가에 반복적으로 하여 적잖은 이익을 보게 된다.

나. 판매자측의 행태

● 식재(조경)회사의 다급한 사정을 알고 수목금액 완불을
  요구하고 연락두절.

2013년 한해만 30여건의 피해 사례가 알려졌으며 최근까지 가장 많이 당하는 사례이다.

어느 조경회사에서 조경수 거래 사이트를 통하여 급하게 나무를 구한다. 그것을 본 판매자는 "마침 구하는 나무가 있으니 작업비와 선급금을 먼저 지급하면 바로 작업해서 올려 보낸다."고 한다. 조경회사는 일면식도 없는 판매자에게 선급금 50%를 입금한다.
그러나 기일이 지나도 나무를 받아 볼 수 없어 판매자에게 전화를 해본다. 판매자는 "작업하는 중에 농장에 문제가 있어서 돈이 더 필요하니 나머지 돈을 입금해주면 바로 올려 보낸다."고 한다. 조경회사 측은 또 일면식도 없는 판매자에게 나머지 돈도 입금을 한다. 그리고 나무가 도착하길 기다리지만 나무도 못 받고 판매자와는 연락 두절이다.

● 남의 땅의 수목을 자신의 것인 양 거래를 한 후 연락두절

현장에 쓸 나무를 구하기 위해 이곳저곳 알아보다 한 판매자를 만난다. 판매자는 어느 나무농장을 보여주면서 "원하는 수형의 나무를 묶어 놓으면 작업하여 현장에 보내준다."고 한다. 구매자는 현장에 쓸 나무를 식별하기 위해 청색테이프로 묶어 놓고 그 자리에서 나무가격을 지불한다. 공사현장에서 나무를 기다리는데 나무는 오지 않고 판매자와 연락이 되지 않는다.
결국 농장을 찾아 수소문하여 판매자를 찾으려는데 농장주는 다른 사람으로 밝혀진다.

● 현장에서 확인한 나무가 아닌 상태가 안 좋은 나무를 보내는 경우

구매자가 수형이 좋고 상태가 좋은 나무를 구하기 위해 한 나무농장을 찾아 간다. 공사현장에 쓸 나무를 농장주와 협의하여 식별띠로 묶어 놓고 헤어진다. 그러나 현장에서 받은 나무는 확인했던 나무가 아닌 규격이 모자르고 수형과 상태가 나쁜 나무를 받게 된다. 구매자가 어이가 없어 농장주에게 전화를 하니 "어제 같이 확인한 나무다."라고 우긴다.

다. 적반하장 피해사례

아래의 사례도 몇몇 트리디비 회원들이 경험한 사례이다.
나무가격의 잔금을 지불하지 않는 형태인데 판매자가 잔금 독촉을 하면 "내일 줄게요", "오후에 줄게요", 내일 아침에 줄게요"하면서 차일 피일 미루며 상대방을 화나고 약오르게 한다. 화가난 상대방이 실언(욕문자, 욕설녹음 등) 하게끔 유도한 후에 경찰에 고소하는 적반하장 스타일이 있다.

잔금을 못 받은 농장주가 오히려 경찰에 모욕죄, 명예훼손죄, 협박죄 등으로 고소당하여 전과자가 되는 사례가 종종 발생되고 있다.

2. "고발 합니다" 게시판 살펴보기

나무를 거래 할때 100% 피해를 받지 않고 안전하게 거래하는 방법이 있다고는 자신있게 말할 수는 없지만 피해를 줄일 수 있는 방법들은 있다.

먼저 앞에 있는 피해사례를 잘 읽고 숙지한다.

사기형태는 일반적으로 비슷한 방법으로 경험하기 때문에 피해사례를 숙지하는 것만으로도 도움이 될 것이다. 그 다음으로 트리디비 사이트나 타 사이트의 "고발 합니다"의 게시판을 살펴본다. 같은 사람에 의해 피해를 보는 사례가 많아서 해당 거래인과는 되도록 접촉을 말아야 한다.

트리디비 홈페이지내 고발합니다 게시판

3. 대포폰, 대포통장 확인하기

사기꾼들은 대포폰과 대포통장을 가장 많이 사용한다. 대포는 허풍이나 거짓말을 일컫는 데서 유래되었다. 대포폰과 대포통장은 자신의 신분을 감추기 위해 다른 사람 명의로 사용하는 휴대폰과 통장을 말한다. 주로 수사기관의 추적을 피하기 위해 범죄 용도로 사용되는 경우가 많다. 경찰 수사 용어상 '대포'는 '명의가 도용되어 범죄에 사용됨'을 뜻한다.

> *대포폰* : 다른 사람의 명의로 개통한 휴대폰을 말한다.
> *대포통장* : 다른 사람의 명의로 개통한 통장을 말한다. 본인 명의의 통장을 타인에게 양도하면 그 순간부터 대포통장이 된다.

대포폰과 대포통장을 가지고 의도적으로 거래하는 사람은 정상적인 거래가 아닌 사기칠 생각을 한다는 의미를 갖는다. 나무 거래전에 상대방이 사용하는 전화기와 계좌번호가 정상적인 것인지 확인하는 것이 중요하다. 대포폰과 대포통장의 여부를 알수있는 방법은 경찰청사이버안전국(http://cyberbureau.police.go.kr)이라는 사이트와 더치트(http://thecheat.co.kr)라는 사이트에서 검색할 수 있다. 각 사이트에 접속하여 사기피해로 신고된 휴대전화인지 계좌번호인지를 살펴보면 된다.

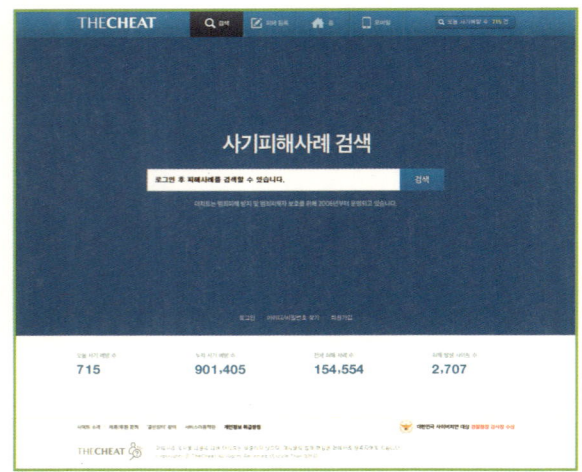

※경찰청사이버안전국와 더치트의 정보제공 방식과 사기피해 데이터가 조금씩 달라 두 군데 모두에서 검색하는 것이 좋다.

4. 계약서 작성 및 첨부서류 나누기

안전하고 신뢰 있는 거래를 하기 위해서는 서로의 신원을 확인하고 법적인 보호를 받을 수 있는 여지를 마련해야 한다.
사기를 친 사람이 제 아무리 숨어있다 하더라도 신원 확인이 되면 찾을 수 있고 법적인 장치를 걸면 민사소송이나 형사소송으로 언젠가 손해를 메울 수 있는 여지가 있기 때문이다.

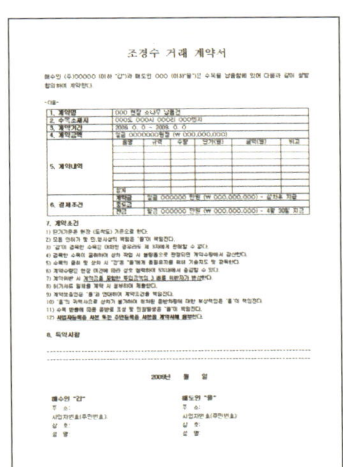
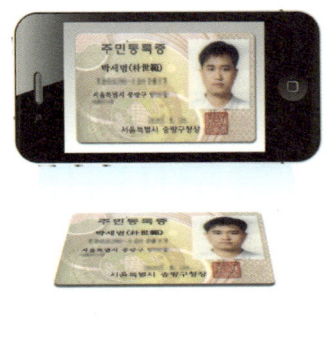

휴대폰에 촬영된 주민등록증

가장 좋은 방법은 "수목매매 계약서"를 만들고 그에 따른 첨부서류를 교환하는 것이다.

> **조경수목 거래중 교환서류**
> 1. 수목매매 계약서 (트리디비 게시판 첨부파일에서 샘플 다운받기)
> 2. 사업자등록증(외 관련서류)사본 또는 주민등록증 사본
> ※ 각 사본이 없을 시 핸드폰 카메라로 계약자 주민등록증 촬영

수목매매 계약서는 당시 상황에 맞게 작성하고 기업체는 사업자 등록증 사본을 개인은 주민등록증 사본을 첨부하면 되는데 만약 각 사본이 준비되지 않았다면 주민등록증을 핸드폰의 카메라로 찍어두면 된다. 안전하고 신뢰 있는 거래를 위해서 계약서와 각 서류를 나누는 것은 번거로운 것이 아니고 서로를 위한 배려로 생각을 해야 한다.

※계약서작성과 주민증과 같은 서류를 나눌 수 없을 때는 거래내역을 문자로 나누는 것이 좋다. 물론 상대방의 휴대폰이 대포폰 인지를 먼저 확인을 해야 한다.

조경수 굴취 및 운반

거래가 성사되면 나무를 굴취 작업하여 구매자에게 인도해야 한다. 농장주 입장에서는 나무만 내어주는 목대가 편할 것이고 구매자 입장에서는 나무가 안전하게 현장까지 운반해주는 현장도착도를 원할 것이다. 서로 절충하는 거래방식은 작업상차인데 이는 일반적인 거래방식이다.

조경수 굴취 및 운반

대형목 굴취 작업(사진출처 : 석계조경 대표 최윤호)

거래가 성사되면 나무를 굴취 작업하여 구매자에게 인도해야 한다. 농장주 입장에서는 나무만 내어주는 목대 판매가 편할 것이고 구매자 입장에서는 나무가 안전하게 현장까지 운반해주는 현장도착도를 원할 것 이다.

서로 절충하는 거래방식은 작업상차인데 이는 일반적인 거래방식이다. 작업상차는 굴취 인부와 장비 그리고 조경자재들이 필요하다. 경험이 많은 농장주들은 아무 무리 없이 진행할지 몰라도 작업상차 거래를 처음 하는 이들이나 경험이 많지 않은 초보들은 자칫 손해를 볼 수 있기 때문에 사전 준비가 필요하다.

1. 작업상차시

■ **굴취인부**

작업인부 인건비는 지역마다 차이가 난다.

수도권지역이 인건비가 비싸고 지방 소도시의 인건비는 비교적 저렴하다. 비용이 저렴하다고 먼 지역의 인부와 장비를 부른다면 이동 시간이 하루 일당에 포함되어 반나절의 비용을 손해를 볼 수 있다. 하루 작업 거리라면 조금 비싸더라도 주변에서 이용하고, 수일 작업이 소요된다면 인건비가 저렴한 먼 거리의 인부들을 이용할수 있다.

비용보다 중요한 것은 작업능력이다. 수목 굴취는 일반 인력사무소에서 아무나 데려와 할 수 있는 것이 아니다. 오랜 경험과 숙련이 있어야 시간적인 효율이 있고 나무에 상처가 나지 않도록 안전하게 작업할 수 있다. 지역의 특성에 따라 전문

굴취 인부들이 많은 곳들이 있다. 필자는 조경수 생산이 많은 정읍에서 인부들을 데려와 일을 하곤 한다.

트리디비의 구인구직 게시판에 보면 조경작업팀이 많이 올라와 있다. 전화하여 비용과 경험등을 꼼꼼히 확인하고 진행하면 된다.

굴취 작업중인 사진(충북 진천)

■ 장비차

장비차란 굴취작업을 돕는 굴삭기, 크레인 등을 말한다. 장비차도 마찬가지로 나무굴취의 노하우와 경험이 많은 장비기사가 효율적인 작업을 할 수 있다. 특히 굴취 인부와 손발이 맞아야 일의 효율도 오르고 시간을 단축할 수 있다. 작업 인부에게 장비를 소개 해달라고 하거나 굴취 경험이 많은 장비기사를 섭외해야 한다.

작업 상차시 분이 깨지거나 나무에 상처가 나는 경우가 있는데 베테랑 장비기사는 그런 부담을 덜어주고 차에 꼼꼼히 실어 더 많은 나무를 차에 실을 수 있다.

굴삭기로 작업

조경수 상차

상차 완료된 트럭

■ **조경자재**

굴취 작업에 필요한 삽, 톱, 녹화마대, 녹화끈, 철선(반생) 등의 자재는 미리 준비해야 한다. 조경자재 비용도 지역이나 상점마다 큰 차이가 있기 때문에 미리 알아보고 준비하는게 중요하다. 현장에서 급히 찾는다면 조경자재상이 없는 경우가 많거나 비싼 비용을 지불 할 때가 많다.

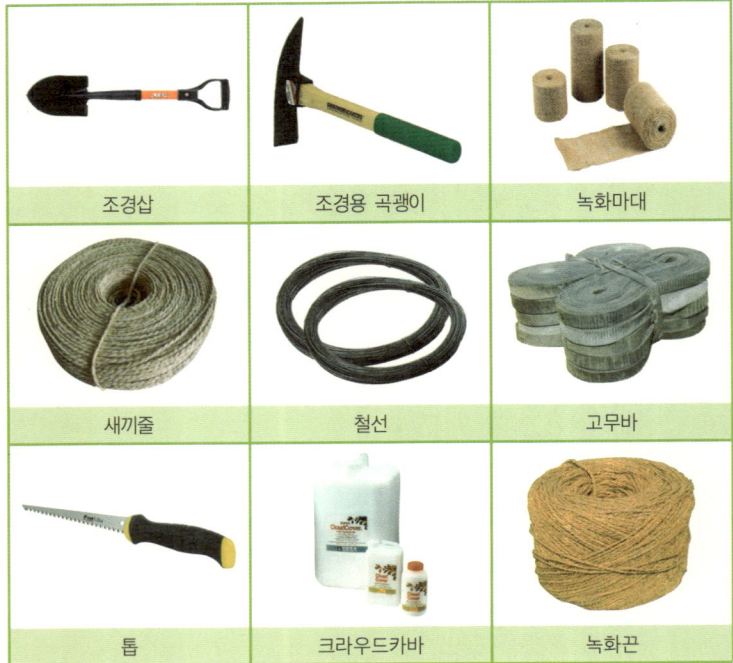

조경수 굴취에 필요한 자재

실전편 조경수 굴취 및 운반

Tip

조경자재 사이트

　수도권이나 도시에 거주하는 이들은 조경자재상을 보기가 쉽지 않을 것이다. 일반적으로 조경자재상은 도시 외각이나 조경수재배가 활발한 지방도시에서 많이 볼수 있다.
　그러나 요즘은 인터넷의 발달로 네이버나 다음과 같은 포털사이트로 검색하면 조경자재 사이트를 쉽게 찾을수 있다. 조경자재 사이트는 보통 조경자재상이 운영하는 웹사이트이다. 원하는 제품을 컴퓨터 앞에서 쉽게 구입할수 있다.

트리디비 쇼핑몰(http://www.treedb.co.kr)

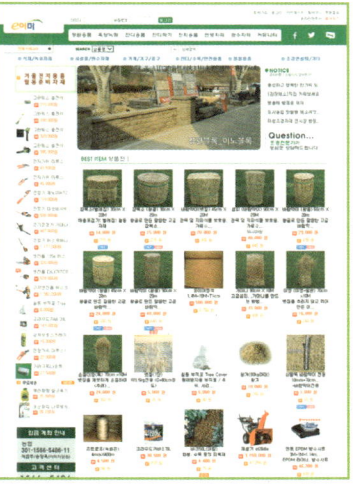
미성조경자재 (http://www.emija.com)

Tip

굴취 작업시 뿌리 분뜨기

뿌리분은 가장 작은 크기로 가장 많은 뿌리를 보호 할 수 있도록 해야 한다. 일반적으로 분의 지름은 근원직경의 3~5배의 크기로 분을 뜬다. 그러나 수종과 토성에 따라서 분이 커야 할 때도 있고 이보다 작아야 할 때도 있다. 이식력이 약하거나 발근력이 약한 수종은 다소 분을 크게 뜨고 활엽수는 침엽수보다 작게, 침엽수는 상록수보다 작게 한다.

보통 관목은 분의 넓이가 크게 교목은 분을 깊이 떠야 하는 것이 상식이다. 분의 크기는 인건비, 운반비, 시간을 소요하기 때문에 나무의 특성에 따라 분의 크기를 달리해야 한다.

분을 크게 떠야 되는 나무
해송, 히말라야시다, 전나무, 상수리나무, 느티나무, 밤나무 등

분을 작게 떠도 되는 나무
개비자나무, 불두화, 회양목, 사철나무, 목수국, 철쭉, 쥐똥나무 등

약간의 흙을 붙여도 되는 나무
수양버들, 은사시나무, 플라타너스, 은행나무, 개나리, 단풍나무, 참느릅나무 등

실전편 조경수 굴취 및 운반

Tip

분뜨기 과정

이식을 기다리는 나무 / 뿌리돌림 작업 중

뿌리돌림 작업된 나무 / 분감는 작업 중

분 작업된 나무 / 분감기 완료된 나무

■ **작업상차시 품셈에 의한 가격산출**

 조경수의 일반적인 거래방식은 나무를 굴취하여 차량에 실어주는 작업상차가이다. 작업상차가는 앞서 말한바와 같이 "나무값+굴취인부와 장비+조경자재"의 비용이 포함되어 있다. 초보 농장주에게는 나무값 외에 인건비, 장비운영비, 조경자재 비용을 산출하는 것이 만만치 않을 것이다. 대략적인 비용이라도 알아야 손해를 보지 않으리라 생각한다.
 건설표준품셈에 의한 가격산출을 알아보도록 하겠다.
 직경(R) 12cm의 느티나무 100주를 작업상차로 판매한다고 가정해보자. 묘목 구입비부터 재배비용을 생각해보니 목대가로 한주에 10만원이 적당할 것 같다.

 2015년 건설임금과 장비 운영비는 아래와 같다.

직종번호	직종	단가(원)
1002	보통인부	87,805
1038	조경공	124,463

2015년 상반기 건설업 임금(부록참조)

중기명	규격	단위	운영비(원)
굴삭기(무한궤도)	0.4	Hr	53,043
굴삭기(무한궤도)	0.6	Hr	59,047
트럭탑재형 크레인	10ton	Hr	57,121
트럭탑재형 크레인	15ton	Hr	63,028
크레인	25ton	Hr	84,593

2015 중기별 시간당 운영비(부록참조)

또한 건설표준품셈의 근원(흉고)직경에 의한 굴취는 아래와 같다.

(주당)

근원(흉고)직경(cm)	조경공(인)	보통인부(인)	굴삭기(hr)	크레인(hr)
4이하	0.08	0.02	-	-
5(4이하)	0.10	0.03	-	-
6~7(5~6)	0.17	0.04	-	-
8~9(7~8)	0.27	0.07	-	-
10~11(9)	0.15	0.06	0.49	-
12~14(10~12)	0.26	0.08	0.59	-
15~17(13~14)	0.40	0.10	0.71	-
18~19(15~16)	0.51	0.11	0.81	-
20~24(17~20)	0.67	0.13	0.95	0.19
25~29(21~24)	0.90	0.16	1.15	0.23
30~34(25~28)	1.12	0.19	1.35	0.27
35~39(29~32)	1.35	0.22	1.55	0.31
40~44(33~37)	1.57	0.25	1.74	0.35
45~49(38~41)	1.80	0.28	1.94	0.39
50~54(42~45)	2.02	0.31	2.14	0.43
55~59(46~49)	2.25	0.34	2.34	0.47
60(50)	2.38	0.36	2.46	0.50
비고	분이 없는 경우 굴취품의 20%를 감한다.			

근원(흉고)직경에 의한 굴취(부록참조)

근원(흉고)직경에 의한 굴취 품셈에 위의 인건비와 장비 운영비를 대입 시키면 굴취비용이 나온다.

직경(R)12cm의 느티나무는 조경공 0.26명, 보통인부 0.08명 굴삭기 0.59(hr)가 소요된다. 이에 인건비와 장비대를 각각 대입하면 70,679원이 나온다.

(조경공 0.26명 × 124,463원) + (일반공 0.08명 × 87,805원) + (굴삭기 0.59 × 53,043원) = 70,679원

이것으로 끝이 아니다. 조경자재비용이 나와야 한다. 느티나무 굴취에 필요한 자재는 녹화마대와 녹화끈이 있다. 직경(R)12cm 느티나무의 뿌리분을 감싸는데 녹화마대는 7.4m, 녹화끈은 32.3m가 사용된다.

규격	근원(R)	녹화마대(M)	녹화끈(M)
마대:폭30cm X 18M, 18개(박스) 녹화끈:4mm X 420m, 8롤(박스)	3	0.6	5.0
	5	1.6	8.3
	7	3.1	11.6
	9	5.1	14.9
폭40cm X 18M, 15개(박스) 녹화끈: 6mm X 220m, 8롤(박스)	11	5.3	27.3
	13	7.4	32.3
	15	9.8	37.2
	18	14.1	89.3
폭 60cm X 18M, 9개(박스) 녹화끈: 8mm X 130m, 8롤(박스)	21	11.5	130.3
	24	15.0	148.9
	30	23.5	223.3
	36	33.9	312.7
	42	46.1	364.8
	48	60.2	417.0
	54	76.2	469.0
	60	94.0	521.2
	66	113.8	573.3
	72	135.4	625.5
	78	158.9	677.4
	84	154.3	729.6
	90	211.6	781.7
	100	263.8	858.6

조경용 뿌리 감기시 마대와 녹화끈의 사용량(부록참조)

실전편 조경수 굴취 및 운반

   현재 시세가(녹화마대 5,000원/개, 녹화끈 4,500원/롤 조경자재 쇼핑몰 참조)로 계산하면 녹화마대는 1m에 278원, 녹화끈은 1m에 20원이 나온다. 이를 대입하면 녹화마대 2,057원 녹화끈 646원이 계산된다. 즉 조경자재비용은 2,703원이 된다.

   이제 느티나무 1주의 작상가가 나온다.
   느티나무 목대값 : 100,000원
   인건비와 장비운영비 : 70,679원
   조경자재비 : 2,703원
   직경(R)12cm 느티나무 1주의 작업상차가는 173,382원이다.

   품셈에 의한 느티나무 1주의 작업상차가를 산출해봤다. 현 시세보다는 높은 가격이 나온 것 같다. 실제로 작업상차가는 조경수 수량에 따라 차이가 많이 난다. 조경수 10주 작업비용과 100주 작업비용은 확실한 차이가 있다. 뿐만 아니라 굴취 인부의 작업숙련도와 팀워크 그리고 토양의 상태등과도 차이가 생긴다. 농장주의 경험과 노하우에 따라 작업상차가로는 목대가와는 다른 이윤을 남길 수 있으니 위의 품셈에 의한 계산법은 참조하길 바란다.

2. 현장 도착도 시

현장도착도는 나무 농장에서 나무를 굴취 하여 차량으로 조경현장까지 운반해주는 것을 말한다. 즉 작업상차에서 운반차량이 추가 되는 것이다.

운반차량

운반차량은 지역이나 차주마다 운반비 차이가 난다. 또 아는 사람을 통하여 운반 차량을 섭외한다고 하여도 소개비를 지불하는 경우가 있어 비용면에서 만족스럽지 않은 경우도 있다.

상차 완료한 운반차량(사진출처 : 환경원예조경연구소 대표 김희주)

실전편 조경수 굴취 및 운반

네이버나 다음과 같은 포털사이트의 검색엔진에서 "화물차 용달, 5톤 용달, 전국화물"등의 키워드로 검색하면 수많은 화물차 관련 사이트들이 보일 것이다. 대부분, 운반비를 게시하고 있어 운반비로 따로 흥정할 필요가 없다. 많은 운반차량과 전국적으로 네트워크로 연결되어 있어서 현장 인근의 공차를 쉽게 부를 수 있는 장점이 있다.

화물차 관련 웹사이트들

여기서 주의 할 것은 …

운반차량 기사도 조경수 상차의 노하우와 경험이 많아야 한다. 경험이 많은 기사는 분이 깨지지 않고 나무에 상처를 내지 않게 하면서 더 많은 물량을 차량에 실을 수 있기 때문에 나무 품질을 보존하면서 비용을 절감하는 효과가 있다.

분이 깨지거나 상처가 심하면 현장에서 반송할 경우도 적지 않다. 차량 섭외시 꼭 조경수 상차 경험이 많은 기사를 찾아야 한다.

지속적인 판로 확보

요 근래 조경수 생산 농가는 힘든 시기를 보내고 있다. 그러나 그 힘든 시기에도 판매에 매출을 올리는 이들이 적지 않다. 어느 농장주는 조경수 상품의 질을 높이고 정확한 타겟을 선별하여 고객관리를 하며 적극적인 마케팅을 진행했는가 하면 대형농장에 납품만 해왔던 농장주들이 직거래 사이트를 통하여 새로운 판로를 확보하고 양질의 조경수를 생산하여 고객들에게 신뢰를 쌓아가 불경기와 상관없이 지내는 이들이 있다. 제아무리 불경기라 해도 건설산업은 계속 진행이 되며 조경수 유통은 계속되기 마련이다. 어려운 시기에 결국 살아남을 방법은 "상품의 질 향상 + 마케팅 + 신뢰"의 3박자를 맞추어 가야 한다.

상품의 질을 향상 시키는 것은 기본중의 기본이다.
나무가격이 아무리 저렴하다 할지라도 밀식되어 있어 수형이 형편없는 나무는 어느 현장에서도 받지 않는다. 좋은 나무를 생산했으면 사줄 수 있을 만한 사람들에게 많이 알려야 한다. 이것이 마케팅 전략이다.

1. 먼저 농장 주변에 나무 판매한다는 현수막을 걸어놓고
2. 명함을 제작하여 주변 사람들과 지인들에게 소개하고
3. 트리디비와 같은 인터넷 직거래 사이트에 조경수 매물을 게시하면

실전편 조경수 굴취 및 운반

일단 주변 사람들과 전국적인 사람들에게 광고를 할 수 있다. 지속적인 판로 확장의 결정판은 농장주에 대한 신뢰이다. 상품이 좋고 마케팅도 잘해서 많은 사람들이 관심을 보이는데 '왠지 속아 사는 것' 같고 거래할 때 불안 하다면 지속적으로 거래할 맘이 생기지 않을 것이다.

트리디비 사이트에서 한동안 많이 활동하던 회원이 있었다. 많이 활동한 만큼 유명세도 있었는데 경기도, 경상도, 전라도 등의 지역을 막론하고 전국에서 그 이름을 모르는 사람이 없었으며 욕을 하지 않는 사람들이 없었다.
"자신의 이름을 알리는 마케팅 전략에 성공했으나 신뢰는 바닥이다"라는 말이 떠돌았다. 그는 앞에서 언급한 어느 피해사례의 주인공이 되었고 결국은 트리디비에서 나무판매를 할 수 없게 되었다.

신뢰는 자기가 했던 말을 지키고 손해를 보는 한이 있더라도 고객과의 약속을 지키는 데에서 생긴다. 좀 더 큰 시야를 가지고 작은 욕심을 버리면 많은 사람들이 농장주의 신뢰를 느낄 것이다. 단언컨대 "상품의 질 향상 + 마케팅 + 신뢰"의 3박자를 갖추지 못하면 지속적인 판로를 잡을 수 없을 것이다.

트리디비 활용편

트리디비는 조경수 생산자와 소비자의 복잡한 유통 과정을 개선하여 조경수 직거래 유통을 성공적으로 안착시켰고 보다 합리적이며 효율적인 수목 매물의 장을 마련하고 있다.

트리디비(treedb.co.kr)

　　트리디비는 조경수 생산자와 소비자의 복잡한 유통과정을 개선하여 조경수직거래 유통을 성공적으로 안착시켰다. 트리디비(treedb)의 의미는 나무의 tree와 데이터베이스의 db의 합성어로서 '조경수 정보 집합체'라는 뜻이다.
　　필요한 나무를 손쉽게 찾아볼 수 있고, 농장주와 직접 연결되어 경비와 시간 그리고 불필요한 노력을 절감할 수 있는 장점이 있으며 10여년 넘는 검증된 시스템으로 전국의 조경수 유통물량 중 약 30%를 차지하고 있는 건실한 사이트이다. 트리디비를 활용하면 나무 생산자는 지속적인 판로를 잡아 판매하는데 무리가 없고 구매자는 전국 대부분의 나무를 손쉽게 검색할 수 있어 쓸데없이 다리품을 팔지 않아도 된다.

트리디비 활용편

1. 트리디비가 하는 일

● **인터넷 나무시장**

트리디비는 2001년에 국내 최초로 온라인 나무시장을 개척하였으며 지금은 15,000명 이상의 회원이 활동하고 있다. 나무 생산자와 구매자를 직거래로 연결하여 중간 상인에 의해 지출되는 손실을 최소화 했다.

● **조경수 실태조사**

전국의 조경수 생산지와 구매자측의 실태조사를 하여 조경수 생산 현황 및 물동량을 파악하며 전망 있는 조경수 선정 및 조경수 유통시장의 흐름을 분석할 수 있도록 하였다.

● **트리디비 아카데미**

조경수 생산에 필요한 농장조성, 농장관리, 병해충 관리, 조경수 판매 전략, 미래의 조경수유통시장의 관측등의 노하우를 전수하는 교육 아카데미를 개최하고 있다.

● **조경수 실거래가 조사**

공인된 조경수가격은 조달청가다. 그러나 조달청가는 조경수 실거래가와 거리가 멀어 조경수가격으로 바로 적용하기 힘든 상황이다. 농가의 생산자와 구매자가 합리적인 가격으로 거래할 수 있도록 조경수 실거래가를 조사하였고 그에 따른 합당한 가격을 제시하고 있다.

● **조경수 유통 컨설팅**

트리디비의 조경수 생산, 관리, 판매등에 대한 오랜 노하우와 조경수 실태조사에서 나온 과학적인 분석 방법, 조경수 실거래가등의 데이터를 토대로 성공하는 조경수생산 방법에 대한 컨설팅을 하고 있다.

■ 트리디비 회원수 및 접속통계

트리디비의 회원수는 현재 15,000명 이상이다. 조경수 유통 사이트에서는 가장 많은 회원수를 자랑하고 있다. 하루 방문객의 수는 평균적으로 3,000명으로 봄과 가을에는 5,000명 이상이 방문 하며 방문객수는 매년 증가하고 있다. 봄·가을 조경수유통 성수기에는 보통 1,000명 이상의 동시 접속자수를 자랑한다

실전편 트리디비 활용편

2. 트리디비 각 메뉴별 활용방법

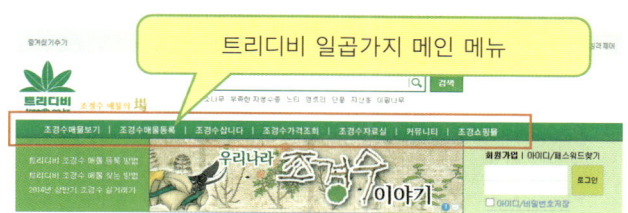

　트리디비의 메뉴는 크게 일곱 가지로 분류된다. 주력 서비스인 조경수 유통을 담당하는 조경수매물보기, 조경수매물등록, 조경수삽니다 가 있으며 조경수 생산자와 구매자에게 도움이 되는 조경수가격조회, 조경수자료실 의 메뉴들이 구성 되어 있으며 회원간 소통을 할수 있는 커뮤니티 와 트리디비의 이용에 도움을 주는 사이트매뉴얼, 요금안내 및 결제 등 마지막으로 조경자재를 사고팔 수 있는 조경쇼핑몰 의 다양한 컨텐츠로 구성이 되어있다.

　다음에선 주요한 메뉴의 구성의 설명과 유용하게 활용할 수 있는 방법들을 소개한다.

조경수 직거래 사이트 트리디비 홈페이지

트리디비 홈페이지 사이트맵

가. 조경수매물보기
 - 조경수급매물
 - 묘목급매물
 - 조경수사진매물
 - 추천조경수매물
 - 추천사진매물
 - 특수목사진매물

나. 조경수매물등록
 - 조경수급매물등록
 - 묘목급매물등록
 - 조경수사진매물등록
 - 추천조경수매물등록
 - 추천사진매물등록
 - 특수목사진매물등록

다. 조경수삽니다

라. 조경수가격조회
 - 조달청가격
 - 초본류가격
 - 종묘가격

마. 조경수자료실
 - 조경수 생산자료
   조경수 뉴스
   조경수목
   조경수 재배
   조경수 판매전략
   법률정보

 - 조경수 파워자료
   관련서식
   정책자금 및 융자
   토지거래 장터
   구인구직
 - 칼럼 및 도감
   나무재테크
   박형순박사 칼럼
   우리나라 조경수 이야기
   나뭇잎도감
 - 트리디비 행복나눔
   장비무료 나눔

바. 조경쇼핑몰

사. 커뮤니티
 - 칭찬합니다
 - 고발합니다
 - 이야기방
 - 농장이야기
 - 트리디비 톡

아. 유틸
 - 트리디비 소개
 - 고객센터
 - 요금안내 및 결제
 - 광고 및 제휴
 - 사이트 매뉴얼
 - 공지사항

가 조경수매물보기

트리디비 정회원의 조경수 매물을 볼 수 있는 곳이다.
로그인을 하지 않아도 전체 매물의 정보를 볼 수 있다. 추천회원의 조경수 매물이 있는 특수목사진매물, 추천조경수매물, 추천사사진매물이 있으며 정회원과 추천회원의 매물을 볼 수 있는 조경수급매물, 조경수사진매물, 묘목급매물등이 있다.

실전편 트리디비 활용편

Tip

필요한 조경수 정보를 쉽게 찾을 수 있는 방법은
상단의 검색기를 활용하는 것이다.

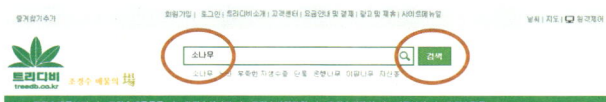

1. 먼저 상단의 검색기에 찾을 나무의 이름을 적고 검색버튼을 누른다. 필자는 소나무를 적었다.
2. '소나무'를 보유한 회원들의 자료가 보인다. 제목을 클릭하면 상세 정보를 볼수 있다.

3. 트리디비의 검색기는 지역별, 기간별, 결과내 검색으로 검색의 활용도를 높여 필요한 조경수를 보유한 농장을 가까운 곳에서 찾을 수 있다.

나 조경수매물등록

조경수매물등록은 추천회원과 정회원이 팔고자하는 조경수매물의 정보를 등록하는 곳이다. 자세한 내용은 "트리디비의 매물등록 하는 방법"에서 참조하길 바란다.

다 조경수삽니다

조경수매물을 구하기 위해 사용되는 게시판이다. 정회원, 추천회원뿐만이 아니라 무료로 회원가입을 한 일반회원도 이용할 수 있다. 이용방법은 회원가입을 한 후에 로그인하고 매물등록을 클릭하여 구하는 조경수에 대한 내용을 기입하면 된다.

> **Tip**
>
> 트리디비에서 나무를 판매하려면 정회원과 추천회원인 유료회원이 되어야 한다. 일반(무료)회원으로 나무를 팔수 있는 방법은 "조경수 삽니다" 게시판에서 정보를 살펴본 후에 내가 가지고 있는 나무를 찾는 사람이 있으면 직접 연락을 하여 직거래로 판매를 하면 된다.

라 조경수가격조회

조경수가격조회에서는 조달청가격, 초본류가격 그리고 종묘가격을 알수 있다. 참고로 조달청가격은 현장도착가격으로 나무를 굴취작업하여 현장까지 차로 운반해주는 비용이 포함되어 있다.

마 조경수자료

● 조경수 생산 자료

조경수 농장을 운영하기 위해서는 조경수관리방법이 필요하고 각 나무의 특징과 정보를 알아야 하며 농장 조성이나 운영에 필요한 법률정보들을 알아야 한다.
특히 "조경수관리" 게시판의 수목연관 관리표는 계절별, 월별로 조경수 관리에 필요한 관리구분을 해 놓은 표로 조경수농장 운영을 하면서 시기적절하게 대응할 수 있도록 참고하길 바란다.

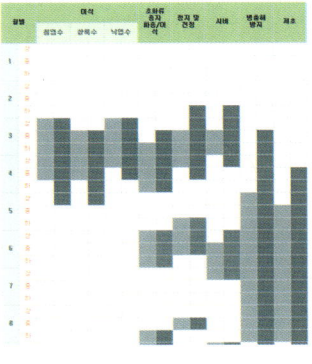

이와 같이 농장운영에 유용한 정보를 모아 두었으며 지속적으로 내용을 업데이트하고 있다.

●파워자료실

조경수생산자료에 이어 농장운영에 더 큰 힘을 주기 위한 정보의 모음이다. 농장에 필요한 운영비, 시설 확장에 필요한 비용을 정부의 지원으로 활용할 수 있는 '정책자금/융자'가 있으며 농장운영을 하면서 조경공사를 하는 업체가 참여 할 수 있도록 '입찰/낙찰'의 게시판이 있는 곳이다. 그리고 '구인구직'란은 조경관련 구인구직에 대한 정보 뿐 아니라 굴취작업 및 식재에 필요한 작업인부와 장비를 구할 수 있으며 반대로 조경인력을 소개할 수 있는 곳이다.

바 조경쇼핑몰

조경자재상을 운영하는 트리디비 회원이 입점하여 판매하는 조경자재 쇼핑몰이다. 제품을 무료로 홍보할 수 있고 또한 판매하여 수익을 창출할 수 있는 취지로 만들어 졌다.

사 커뮤니티

트리디비 회원들이 소통을 할 수 있는 공간이다. 회원으로 할동하면서 힘이 되어 준 분들에게는 칭찬합니다에 해를 끼친 사람은 고발합니다에 글을 게시하고 공유하므로써 안전한 거래를 할 수 있도록 한다. 궁금한 점, 일상의 생활, 나무농사 지으며 재미있는 에피소드 등은 이야기방으로 나눌 수 있으며 성공한 농장주의 시작부터 성공까지의 사례가 있는 농장이야기가 있다.
트리디비 톡은 트리디비의 운영진들이 유익한 정보와 신변잡다한 내용을 올리고 있다.

실전편 트리디비 활용편

Tip

고발합니다는 비양심적인 거래와 빈번한 사기행각을 일삼는 이들에게 경고를 위함이며 같은 수법으로 트리디비 회원 및 생산자와 구매자가 상처를 받지 않기를 바라면서 만든 게시판이다.
사기 치는 유형과 이름, 전화번호 등이 내용에 포함이 되어있는데 거래 전에 참조하면 피해를 줄일 수 있다.

157

아 유틸

트리디비의 소개, 트리디비에 궁금한 것을 문의 할 수 있는 고객센터, 정회원과 추천회원으로 신청할 수 있는 요금안내 및 결제와 공지사항이 있다.
특히 사이트 매뉴얼은 트리디비 이용에 도움이 될 수 있는 매뉴얼을 동영상이나 자세한 글로 안내를 하는 곳이다.

3. 트리디비 회원가입

트리디비의 회원가입은 무료다. 트리디비의 대부분의 정보는 로그인을 하지 않아도 접할 수가 있어 굳이 회원가입을 하지 않아도 되지만 회원가입자들에게는 몇 가지 특전이 있다.

회원가입 당시에 입력한 이메일로 농장 운영 및 유통을 하면서 필요한 노하우와 정보를 매주 발송한다. 예를 들어 조경수관리에 필요한 방법과 노하우를 시기에 맞추어 제공하기에 참조하면 농장운영에 큰 도움이 된다. 또한 질문하기, 구인구직, 조경수삽니다 등에 글을 게시하기 위해서는 로그인이 필요하다.

실전편 트리디비 활용편

무료회원 가입

트리디비 사이트의 회원가입은 기본적으로 무료이다. 사이트의 오른쪽 상단부분 로그인 영역의 회원가입을 클릭한다. 필요한 정보를 입력하고 회원가입 버튼 클릭하면 회원가입이 성공적으로 이루어진다.

유료회원으로 전환

트리디비 사이트에 매물을 등록하여 광고 할 때는 무료회원에서 유료회원으로 전환이 필요하다. 유료회원은 정회원과 추천회원으로 구분되어 진다. 유료회원으로 전환 할 때는 트리디비 홈페이지 상단의 요금안내 및 결제를 클릭하면 자세히 나와 있다.

159

Tip

트리디비 정회원, 추천회원의 특징

구분	특징	가격
정회원1년	조경수 판매 성수기를 크게 봄 시즌, 가을 시즌으로 나눈다. 이는 나무 이식 시기가 가장 적당한 계절이기 때문이다. 그러나 나무를 미리 선점하기 위해 봄, 가을 시즌 수개월 전부터 많은 사람들이 활발하게 움직이고 있으며 묘목은 9월부터 다음 해 봄까지 아주 활발히 거래되는 특징을 가지고 있다. 나무를 제값을 받고 팔려면 1년의 시간이 필요하다. 처음 나무를 팔려고 매물을 올리면 나무를 구입하려는 이들의 전화를 받게 되는데 대응하기가 수월하지 않을 것이다. 가격동향과 확실한 거래의 방법을 익혀나가는데 최소한 봄이나 가을 한시즌의 경험이 있어야 후회하지 않는 거래를 할 수 있게 된다. 정회원/1년은 수목 판매의 노하우를 익히는 시간이며 적절한 가격에 나무를 유통할 수 있는 시간이라 생각한다. 다양한 수종과 많은 수량을 보유한 농장주에게 추천한다.	165,000원
정회원/6개월	조경수 거래의 성수기인 봄이나 가을, 한 시즌에만 판매를 원하는 이가 적당하다. 단일수종이나 수량이 적은 수목을 거래 할 때 용이하다.	110,000원
정회원/1개월	트리디비에서의 거래가 용이 한지 알아보려는 이들이나 적은 수량을 조경수 시즌에 반짝 판매하고자 하는 이들이 이용한다.	55,000원

Tip

구분	특징	가격
추천회원	추천회원은 정회원/1년의 장점을 가지며 많은 가입자에 의하여 판매노출의 기회가 적은 정회원의 단점을 보강하여 사이트 최상단에 오랫동안 판매 노출을 할 수 있다. 다양한 수종과 많은 수량의 조경수를 거래 하는 규모가 큰 농장주가 이용하기에 좋다. 사이트 중반부에 배너광고를 배치하여 추천회원의 홈페이지(무료제작)에 직접 링크를 하고 있다. 이는 2차 홍보에 도움이 될 수 있다.	550,000원
공지광고	공지광고는 각 게시판 상단에 굵은 글씨로 고정되어 있는 광고이다. 고정되어 있기에 추천회원이나 정회원 같이 수시로 매물을 등록 할 필요가 없다. 한 번의 등록으로 새로운 판매처를 지속적으로 만들 수 있는 강력한 광고 형태이다. 쉽게 말해 팔고자 하는 조경수 매물을 한번 등록하면 신경 쓰지 않고 나무농사와 나무판매만 하면 된다. 공지광고를 신청한 회원에게는 추천회원의 권한을 주고 추천회원으로 활동이 가능하다. 매출이 큰 규모의 조경수 농장을 운영하는 분들 중에 컴퓨터나 인터넷의 이용이 쉽지 않거나 많은 시간을 할애 할 수 없는 회원들이 이용하면 좋다.	추천공지 220만원/년 급매물공지 사진매물공지 165만원/년

2014년 기준 요금(위 금액은 부가세 포함이며 요금은 변동될 수 있음)

4. 트리디비 사이트에 매물등록 하는 방법

트리디비 회원종류는 추천회원, 정회원, 일반회원으로 되어 있다. 조경수 매물을 등록하기 위해서는 정회원 또는 추천회원인 유료회원만이 가능하다.

트리디비의 조경수 매물을 등록할 수 있는 곳은 조경수급매물, 묘목급매물, 조경수사진매물, 추천조경수매물, 추천사진매물, 특수목사진매물 이렇게 여섯 곳이 있다. 추천회원은 여섯곳 모두에 매물 등록할 수 있는 권한이 있고 정회원은 조경수급매물, 묘목급매물, 조경수사진매물 이렇게 세군데 만이 가능하다.
게시판은 사진게시판과 일반게시판 두 가지로 나뉜다. 사진게시판은 사진중심으로 매물을 등록하며 한번에 여러장의 사진을 올릴 수 있다.
일반게시판은 사진이 없어도 매물을 등록할 수 있지만 여러장의 사진을 첨부할 수 있도록 되어 있다.
매물등록 방법은 일반게시판과 사진게시판이 동일하다. 매물등록하는 방법은 아주 쉬운데 사진 등록하는 방법만 조금 신경 쓰면 된다.

조경수 매물 등록하기

① 정회원, 추천회원으로 가입한 후에 로그인 한다.
  로그인후에 조경수매물등록을 클릭한다.

실전편 트리디비 활용편

② 매물 등록할 게시판을 선택한다. 조경수매물등록은 기본적으로 제목, 농장위치, 내용(사진포함)을 올리는 곳이다. 여기에서는 조경수 급매물을 선택하겠다.

③ 조경수 매물이 있는 지역을 선택한 후, 제목과 매물의 상세 내용을 적는다. 글씨 크기, 색상을 사용하여 강조하려면 글쓰기 폼 상단의 위지윅 폼을 이용하면 된다.

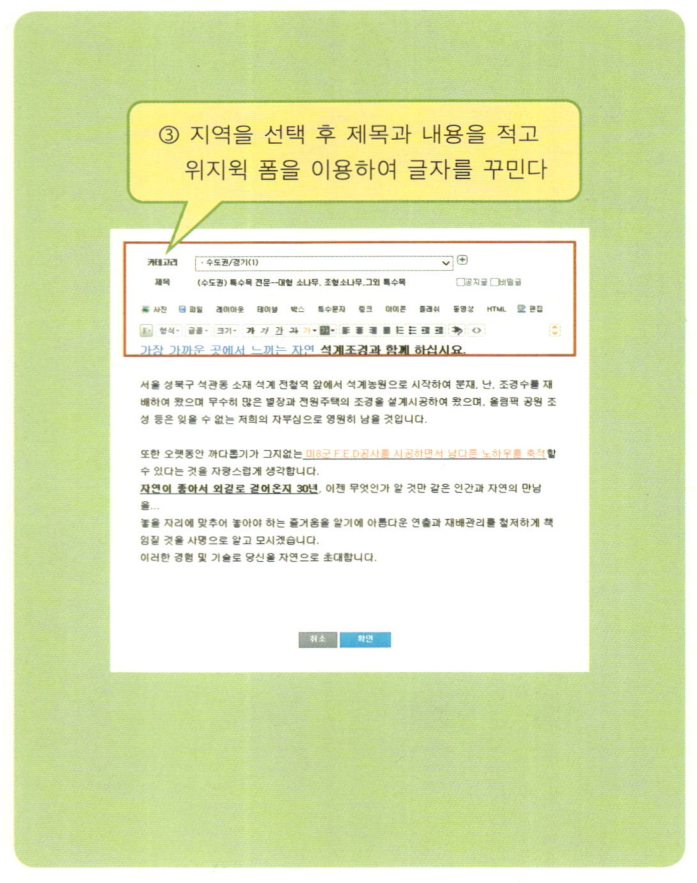

④ 조경수의 사진이 있으면 사진을 첨부한다. 여러장의 사진을 첨부할 수 있으며 또한 사진 크기도 조절하여 첨부할 수 있다. 사진은 너무 크지 않게 적당한 크기로 조절하여 첨부하는 것이 좋다.

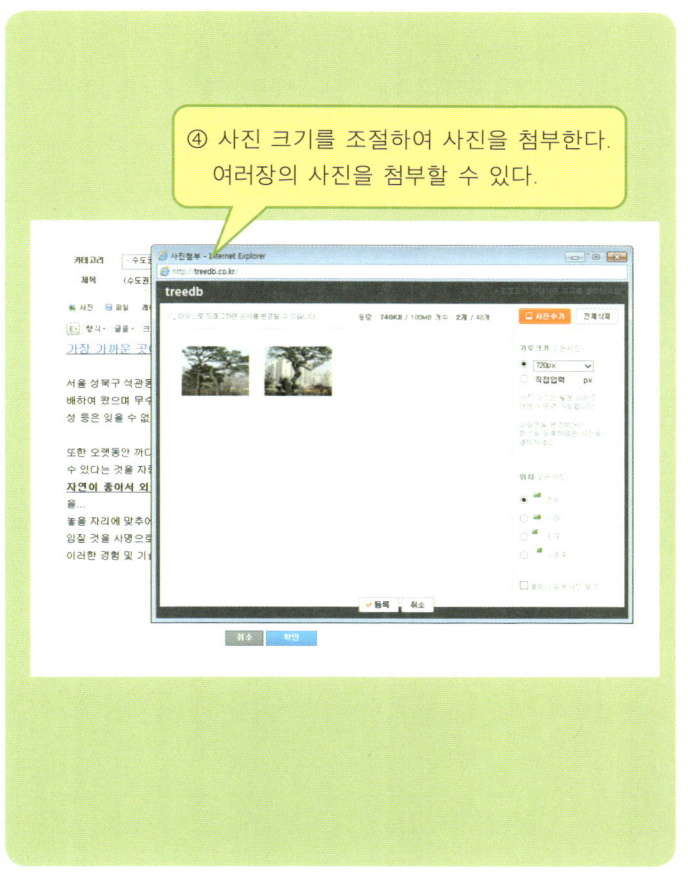

⑤ 제목, 내용, 사진 첨부의 내용을 확인하고 이상이 없으면 아래의 확인 버튼을 클릭한다.

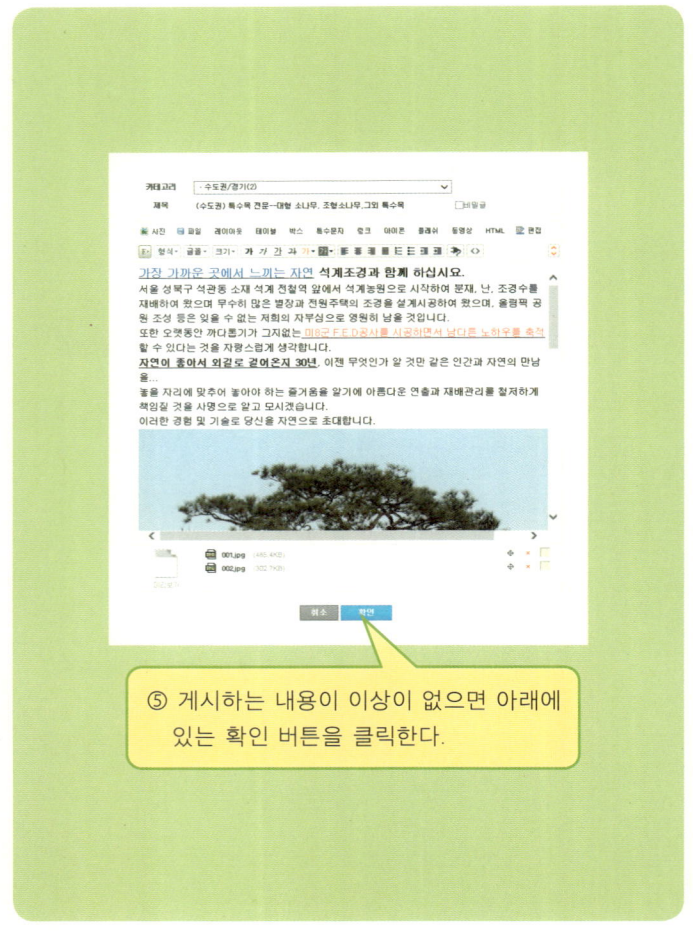

⑤ 게시하는 내용이 이상이 없으면 아래에 있는 확인 버튼을 클릭한다.

실전편 트리디비 활용편

⑥ 등록된 내용을 확인하고 수정할 곳이 있으면 하단의 수정버튼을 클릭하여 수정하면 된다.

167

5.조경수 매물 등록할 때 주의 사항

가 제목선정

① ★☆★각종조경수 판매★☆★
② 오늘 나온 수목들입니다.----------------------
③ 스트로브 잣나무 3m~7m 1만여주.. 최저가 판매,
④ 육송(조형)h3.0xR8-15작업상차15만원(반액세일) 2500주 ...

제목을 보면 참으로 다양하다. 자신의 아이디어와 성향에 따라 문구들

실전편 트리디비 활용편

이 다양하다는 것을 알수 있다. 위의 보기 문구 4가지가 있다.

1번 2번의 제목은 판매할 조경수의 정보를 알 수 없는 제목이다. 안의 내용을 살펴봐야 무엇을 팔지 알 것 같다.
1번 2번 같은 제목은 노출 수가 많을 수 있다. 어떤 나무를 판매하는지 궁금증을 유발하기 때문에 그렇다. 하지만 위의 제목을 클릭하는 사람들은 실구매자일 확률은 적고 나무 정보만를 알고자 하는 이들이 많다.
3번 4번은 제목에서 판매할 조경수의 정보가 다 나와서 조회횟수는 다소 적을지 모르지만 실구매자가 클릭하는 확률이 높아서 판매율을 높이는 방식이라 할 수 있다.

나 내용입력

판매할 조경수 매물의 정확한 정보가 나와 있어야 한다. 수목의 종류, 규격, 수형, 상태등 상세한 내용이 필요하다. 또한 많은 이들이 가격을 알고 싶어서, 수형과 상태를 확인하고 싶어서 전화를 할 텐데 필요없는 전화를 줄이기 위해서는 대략적인 가격을 노출시키거나 상세한 농장 위치를 노출하면 불편함을 막을 수 있다. 판매할 조경수의 정보가 상세하고 정확할수록 떠 보는 식의 전화 통화는 줄어 들것이다.

또한 내용에는 "저렴한 것을 강조하지 말고 품질이 좋은 것을 강조해야 한다." 많은 회원들이 저렴한 것을 너무 강조하는데 그러다 보니 식상한 문구가 되었다. 저렴하다고 해서 거래를 하려고 보니 그다지 다를 것 없고 품질에 대한 확신이 들지 않으면 오히려 마이너스가 되는 문구이다.
우리농장의 나무는 어떤 장점을 가지고 있고 어떤 차별성이 있는지에 대해 구체적으로 언급하면 경쟁력을 갖추는 중요한 문구가 될 것이다.

조경수 정보에 담을 중요한 내용을 소개하겠다.
바로 납품실적이다. 납품실적을 설명하고 사진까지 곁들인다면 구매자로부터 최고의 신뢰를 얻을 수 있다. 생산지에서 판매되는 나무는 전국의 공사현장으로 흩어질 것이다. 먼 곳은 구매자에게 식재된 사진을 보내 달라 부탁을 하거나 가까운 현장은 직접 찾아가 사진을 찍고 설명이 곁들어 진다면 '얼마나 정성스럽게 키웠는지', '얼마나 성실하게 작업을 해주었는지'를 구매자가 느끼고 남다른 신뢰감을 가지고 거래를 할 수 있을 것이다.

다 조경수 사진

조경수의 상태와 크기를 상세히 볼 수 있도록 올린 사진(사진출처 : 창성농원 사철나무)

판매할 나무의 수형과 상태는 구매자에게 아주 중요한 요소이다. 조경수 품질이 좋다는 판매자의 말만 믿고 서울인근에서 전남이나 경남의 농장을 방문하는 것은 모험이다.

실전편 트리디비 활용편

나무의 수형과 상태를 확인할 수 있는 최소한의 방법은 바로 사진으로 보여지는 조경수 일 것이다. 나무의 규격과 수형 그리고 상태를 알아볼 수 있도록 상세히 찍어서 게시하는 것이 매우 중요하다.
조경수 사진을 구체적으로 찍어 나무 상태를 쉽게 알아볼 수 있도록 배려하면 첫인상에서 신뢰가 베어 날것이고 구매자의 선택을 더 많이 받게 될 것이다.

라 샘플

트리디비에 매물을 올리는 방법 중 좋은 예로 석계조경의 게시글을 소개하고자 한다.
석계조경의 게시글을 보자면 농장주의 오랜 노하우와 시공능력 등이 보이고 농장주의 가치관이 엿 보여 신뢰감을 얻을 수 있다. 납품실적과 시공한 사진들도 있어 건실한 농장이란 판단을 할 수 있고 상세한 사진들에선 건강하고 수려한 나무를 뚜렷이 볼 수 있다.
이글을 보면 누구나 신뢰할 수 있고 타 상품에 대한 차별성으로 상품의 질이 아주 좋다는 생각이 든다. 석계조경 사장님은 "상품의 질 향상 + 마케팅 + 신뢰"의 3박자가 고루 갖춰져 있으며 조경수 사업에 좋은 모범이 되는 분이다.

6. 트리디비에서 나무를 잘 판매하려면

'나무를 잘 판매한다'고 한다고 하자면 많이 팔고 안전하게 잘 팔아야 한다. 거래량이 많다고 해도 잔금을 받지 못하거나 사기를 당한다면 잘 팔았다고 말할 수 없다. 판매해야 할 나무를 매물 게시판에 올리기 전에 점검 할 것과 요령이 있다.
아래의 표를 참고하길 바란다.

구분	설명
전 회원 및 방문객	조경수거래를 하다보면 굉장히 불미스러운 일들이 있다. 거래전에 상대방의 신원을 확인하고 트리디비의 고발합니다 등의 내용을 검토한 후에 각별히 주의를 하여 금전적인 피해를 보지 않도록 한다.
정회원	정회원은 조경수 급매물, 조경수 사진매물, 묘목급매물을 이용한다. 각각의 매물 게시판에 일주일에 2번 이상의 게시글을 남기도록 한다.
추천회원	1. 추천조경수매물 게시판에는 일주일에 한번 이상의 판매 게시글을 남기고 조경수 급매물, 조경수 사진매물, 묘목급매물에는 일주일에 두 번 이상의 매물 게시글을 남긴다. 2. 홈페이지는 새로운 매물정보들을 자주 업데이트 하여 왕성하게 활동하고 있는 모습을 보여주어야 한다. 3. 홈페이지를 네이버나 다음과 같은 검색엔진에 등록한다. 각 포털사이트에서는 사이트 검색, 지역검색을 무료로 등록 할 수 있다. ※추천회원 이상은 무료로 홈페이지 제작
공지광고 회원	공지광고는 각 게시판 상단에 굵은 글씨로 고정된 곳이다. 일년 내내 같은 제목으로 두지 말고 한달에 한번정도 제목을 바꾸며 내용과 사진을 업데이트를 하도록 한다.

7. 매출별 마케팅 제안

나무를 판매하려고 할때 예상 매출액을 고려하여 판매 전략을 짜야 한다. 예를 들어 1000평에 식재되어 있는 느티나무의 정식 간격을 넓히기 위해서 나무를 솎아 팔생각이라면 목표 규격보다는 규격이 작을 것이고 수량 또한 많지 않을 것이다.

즉 1,000여만원의 매출이 발생하는 곳에 광고와 마케팅 비용을 수백만원씩 투자할 필요가 없다는 것이다. 또한 초보 판매자의 나무가 제 값에 팔려나가려면 필자의 생각으로는 1년간의 시간이 필요하다고 생각한다. 구매자는 조금이라도 더 싸게 구입하려고 다양한 방법으로 협상과 현혹을 하려고 할 것인데 처음부터 헐값에 판매할 생각이 아니라면 구매자의 접근 성향과 나무시장의 동향을 어느정도 파악을 하는 시간이 필요하다.

말하자면 나무 판매를 위한 '감 잡을 시간'이 필요하다는 것이다. 어느정도 감이 잡혔을때 구매자와 무리하지 않는 협상으로 서로가 합리적인 거래를 하는 시간은 봄시즌, 가을시즌을 겪어 봐야 되지 않겠냐는 생각이 든다.

처음부터 공격적인 마케팅을 하겠다고 여러 매체를 통해 한번에 광고 홍보를 한다면 이곳저곳에서 전화는 많이 오겠지만 만족할만한 거래를 하기는 쉽지 않을 것이다.

아래의 표는 예상 매출 대비 마케팅 전략을 예를 들어 본 것이다.

연매출	마케팅 방법	예상비용/년
최초 판매자 또는 3000만원 이하	현수막 + 트리디비 정회원	20만원
3,000만원 이상 5,000만원 이하	현수막 + 트리디비 추천회원 + 무료 홈페이지 제작 또는 블로그 카페운영	60만원
5,000만원 이상 2억원 이하	현수막 + 트리디비 추천회원 + 트리디비 공지광고 + 홈페이지 제작 또는 블로그 카페운영 + 키워드광고	400만원
2억원 이상	현수막 + 트리디비 추천회원 + 트리디비 공지광고+ 홈페이지 제작 또는 블로그 카페운영 + 키워드광고 + 카탈로그 제작 및 배포	1,000만원이상

실전편 트리디비 활용편

"알면 유용한 트리디비 파워 자료실"

1. 조경수 실태조사

트리디비는 매년 조경수 실태 조사를 하고 있다. 조경수 실태조사는 국내의 조경수 재배기반, 유통 상황, 시장성 전망, 애로사항의 각 항목을 조사하여 다음해에 전망 있는 조경수를 발굴하여 경쟁력 있는 조경수를 생산하고 매출을 향상 시킬 수 있도록 도움을 주고자 실시하고 있다. 결과물이 나오자 설문 참여자 중에 대량생산이 될 수종이나 품귀현상을 낼 수종을 가늠하여 전망있는 수종을 선택하는데 도움이 되었다는 사례도 적지 않았고 조경수 생산을 고려하는 초보자들에게 조경수 생산과 유통의 생리를 간접 체험할 수 있었다는 이들도 많았다. 자세한 내용은 트리디비 사이트(www.treedb.co.kr)에서 볼 수 있으며 여기에선 조경수 재배,판매에 관련된 몇 가지를 소개하고자 한다.
2013년 조경수 실태조사 일부 (참여자 470명)

■ 조경수 재배 지역
조경수 재배지역은 전라도 지역이 1~2위의 순위이고 다음으로는 수도권/경기지역 3위, 충남, 충북 순위이다.

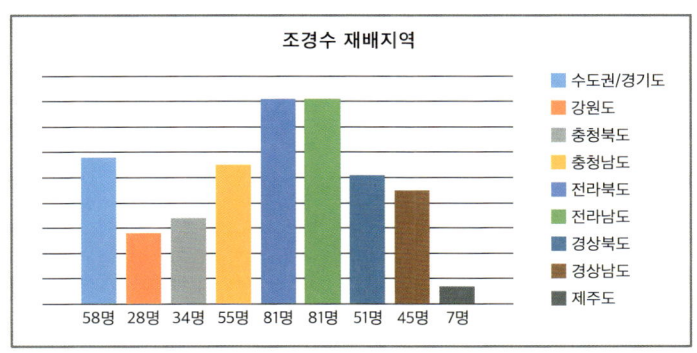

■ 조경수 재배자 연령
조경수 재배 종사자의 연령은 40~60대가 가장 많았다. 이는 전체의 89%를 차지하고 있으며 50~60대는 은퇴자의 연령대이고 40대는 은퇴 후 노후안정의 목적으로 조경수를 재배하는 층들이 늘어나고 있다.

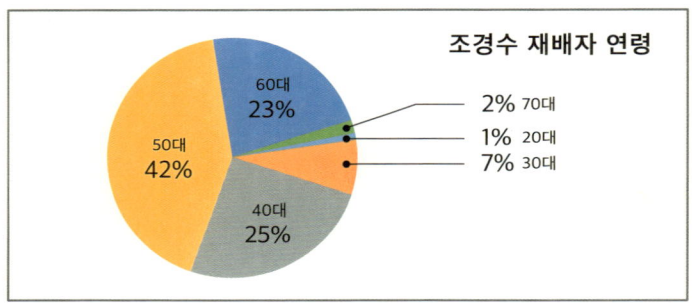

■ 조경수 생산 방식
생산방식은 타 직업을 가진 부업 51%, 조경공사업과 겸업 25%, 전업 21% 순으로 부업, 겸업이 전체의 76%를 차지하고 있다. 전업으로 생산하는 농장주의 조경수 재배면적은 10,000평이하 28%, 30,000평이하 19%순으로 다소 규모가 큰 농장을 운영하고 있다.

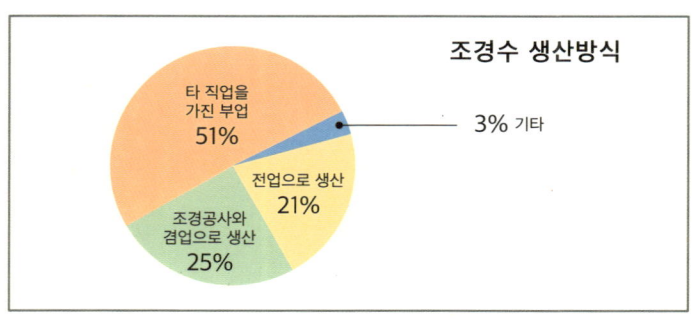

실전편 트리디비 활용편

■ 재배 수종

현재 재배하고 있는 조경수는 교목은 소나무, 느티나무, 이팝나무, 단풍나무, 벚나무 순이고 관목은 반송, 철쭉류, 화살나무, 회양목 등의 순서이다. 교목은 우리나라의 상징수목인 소나무가 꾸준한 인기를 끌고 있으며 청계천 나무라 불리우는 이팝나무가 서울시 녹화사업부터 최근까지 꾸준한 인기를 끌어 많이 식재되어 있으며 느티나무, 단풍나무, 벚나무는 이식이 용이하고 가로수로 각광을 받는 수종이라 꾸준히 인기를 얻고 있다.

교목

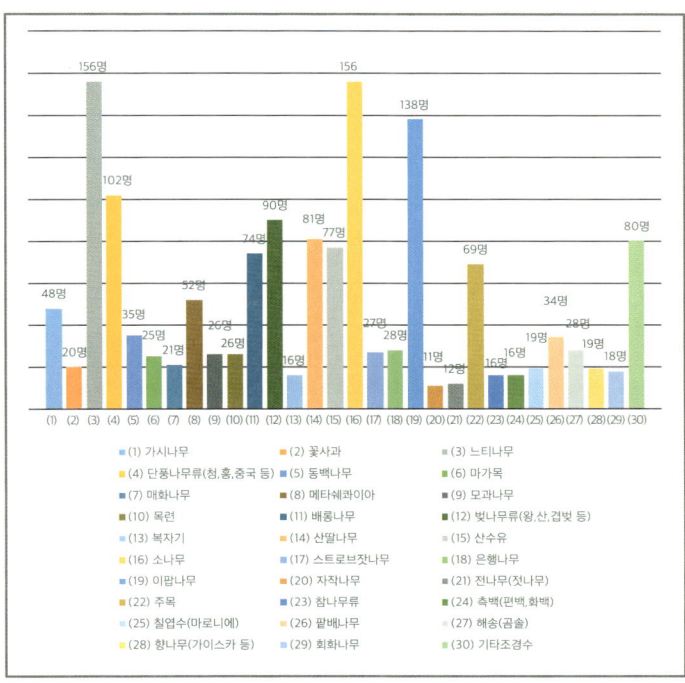

177

관목은 반송이 1위이고 철쭉류가 2위로 지난번 조사때 1위의 철쭉류가 2위로 밀려난게 특징적이다. 그 만큼 철쭉 시장이 요동 쳤다는 그림이 그려진다.

관목

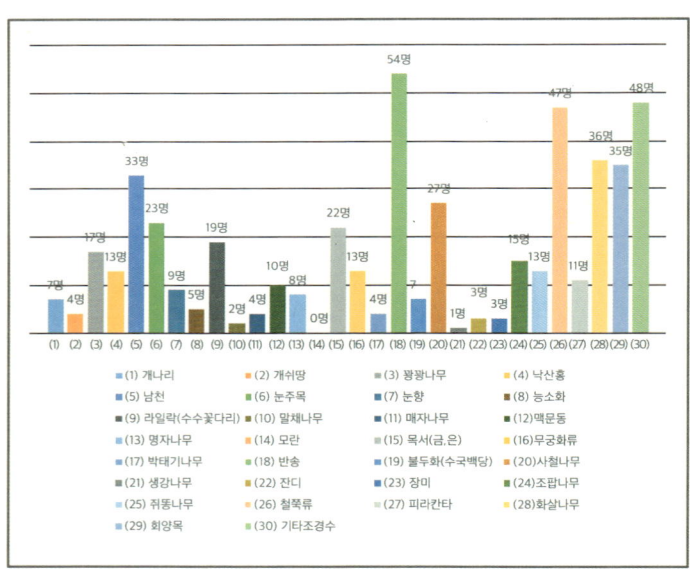

■ 판매 방식

조경수 판매는 지인을 통하여 36%, 인터넷 직거래 23%, 중간상인 18%, 조경업체에 직접 16%의 순서이다. 지인을 통하여, 중간상인 판매방식의 반수 이상이 여전히 중간 유통과정을 거쳐 생산단가를 떨어뜨리고 있다. 매출별로 조사한 결과에 따르면 매출 1000만원 이하의 생산자의 62%가 중간 유통과

실전편 트리디비 활용편

정을 거치는 경향이 있고 매출액이 커질수록 인터넷 직거래와 조경업체에 직접 판매의 비율이 월등히 높다는 것을 알 수 있다.

매출의 향상은 유통마진을 줄이는 것이 관건이며 유통단계를 줄이는 방법과 판로 확보에 따라서 매출의 엄청난 차이를 보인다.

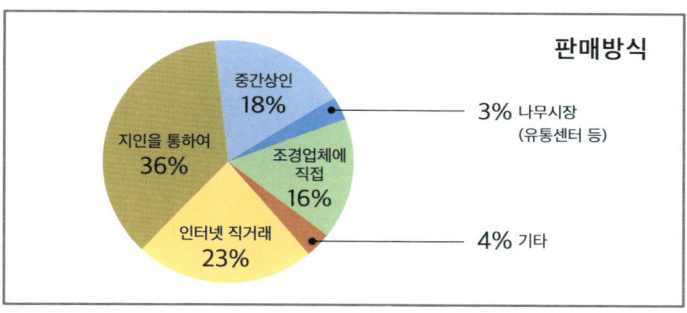

■ 판매대금 결제 방법

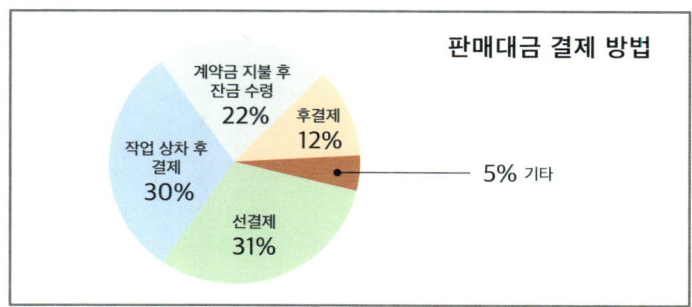

판매대금 결제 방법으로는 선결제 31%, 작업 상차 후 결제 30%, 계약금과

잔금 결제 22%, 후결제 12%의 순서이다. 62%가 조경수를 인도 받기 전에 지불받는 방식을 취하고 있다. 후결제를 할 때는 구매자 측의 신용과 재무 상태를 확인한 후에 거래하는 것이 안전하다.

■ 조경수 판매 가격을 알고 있나?

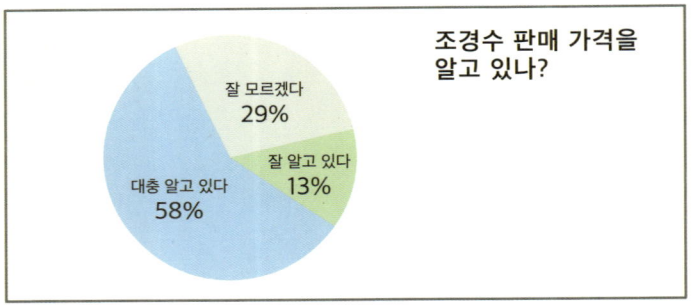

■ 조경수 가격 결정기준

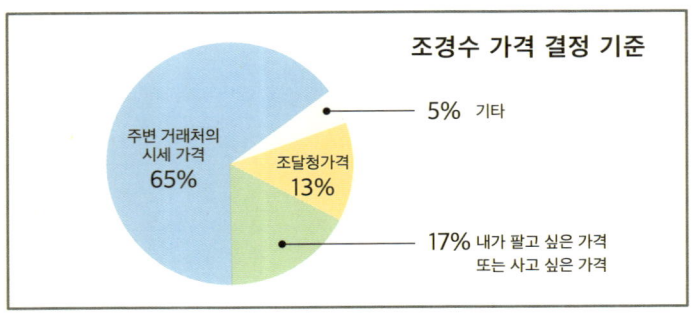

실전편 트리디비 활용편

조경수 가격을 알고 있는 부류는 전체의 71%, 가격의 정보는 주변시세를 통해 65%, 조달청 가격을 기준으로 삼는 사람은 불과 13%에 지나지 않았다. 조달청 가격은 조경수 거래시 참고기준으로는 부족하다는 것을 알려주고 있다.

■ 조경수 거래시 사기 유무

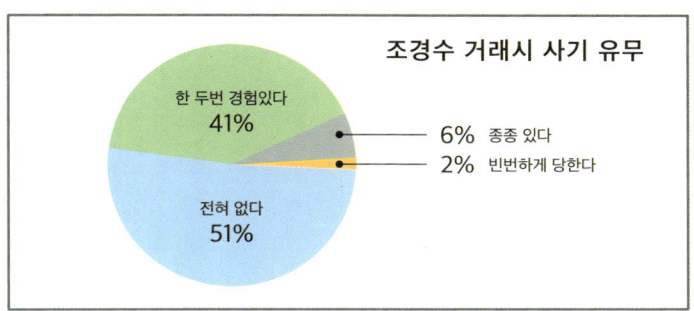

조경수 거래시 사기당한 경험에 대해서는 전체 판매자의 49%인 반수 가까이 사기당한 경험이 있다고 답했다. 두명 중 한명이 사기경험이 있다는 것은 심각한 일이라 할 수 있다. 거래시 더 조심해야 하고 상대의 신원확인은 물론이고 그에 합당한 계약서를 나누어 사기를 당하는 일이 없어야겠다.

■ 조경수 판매 애로사항

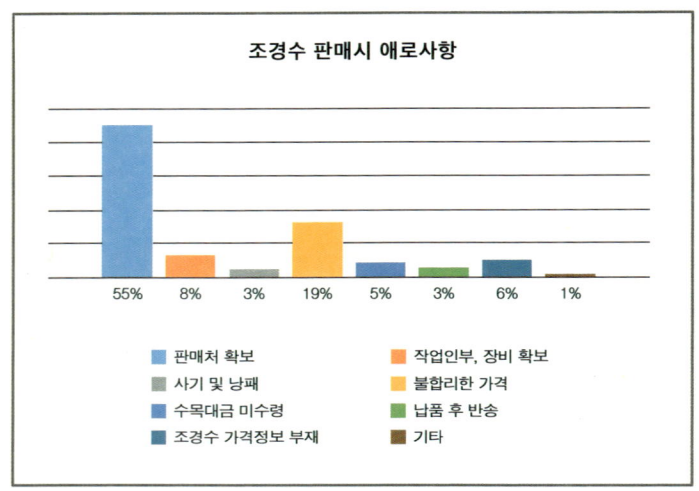

생산 농가의 가장 큰 애로사항은 역시 판로확보에 대한 고민이 많았다. 아무리 품질이 좋은 조경수를 생산해도 판로가 없거나 판매가 되지 않으면 경제적인 어려움은 물론 조경수 생산의 비전이 없기 때문이다. 판매처 확보 다음으로는 불합리한 가격을 꼽았는데 조경수 식재시 전망있는 조경수 선택에 대한 정확한 판단을 하고 유통단계를 줄이거나 직거래로 판매를 하면 그와 같은 걱정은 덜 하리라 생각한다.

2. 조경수 실거래가 조사

공인된 조경수가격은 조달청가다. 그러나 조달청가는 조경수 실거래가와 거리가 멀어 조경수가격으로 바로 적용하기 힘든 상황이다. 트리디비의 조경수 실태조사의 설문조사에서 나타난 것과 같이 조경수 가격의 결정은 주변의 시세를 통하여 결정한다는 내용이 가장 많았다.

그래서 회원들에게 현재의 조경수 시세를 물어보기로 했다. 생각 외로 성실하게 답변해주는 회원들이 많았고 조경수 실거래가를 보다 정확하게 가늠할 수 있는 계기가 마련되었다. 초보 농사꾼이 나무를 재배하여 판매하려고 하면 가격결정 때문에 막막하기만 할 것이다. 그나마 트리디비의 조경수 실거래가를 참조하면 어느 정도 윤곽을 잡을 수 있으리라 생각한다. 다만 트리디비에서 조사한 조경수 실거래가는 공인된 가격은 아니다. 다시 말하지만 나무 가격을 결정할 때 참조하길 바란다. 아래는 몇몇 주요한 수종의 가격만을 제시하였다. 자세한 내용은 트리디비 사이트(www. treedb.co.kr)에서 확인하길 바란다.

■ 2014년 조경수 실거래가 조사 일부 (참여자 223명 답변 838개)

아래에는 몇몇 수종에 대한 실거래가에 대한 그래프이다. 그래프를 보면 각 수종의 규격별 가격을 볼 수 있다. 가격의 기준은 수형이 A급인 작업상 차가로 1주의 가격을 조사하였다. 상대적으로 가격이 높은 것은 나무의 수형과 상태가 좋아 잘 판매한 것이며 반대로 거래가격이 낮은 것은 수형과 상태가 비교적 좋지 않거나 급매물, 밭떼기 그리고 가격을 잘 몰라 헐값에 판매했을 가능성이 있다. 또한 가장 높은 가격과 가장 낮은 가격은 판매자나 구매자의 호가를 적은 비현실적인 가격일수도 있다. 판매가격을 책정하려면 아래의 거래가격과 빈도수 그리고 자신이 보유한 수목의 수형과 상태를 잘 비교하여 판단하면 되겠다.

예를 들어 아래의 느티나무 R10점의 가격을 보면 실거래가가 9만원대의 가격에 몰려 있다. 작상가로 가격을 9만원 내외로 생각하면 될 것이다.

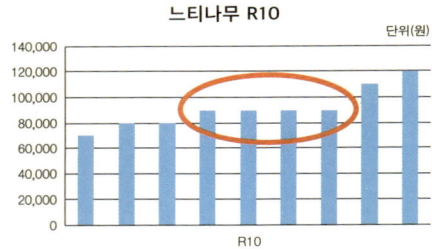

아래의 그래프와 같이 난해한 경우가 있다. 나무의 수형과 상태가 자신 있는 나무는 6~7만 원에, 그렇지 않으면 5만원 내외로 생각하면 될 것이다.

느티나무

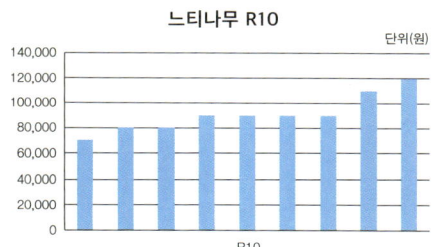

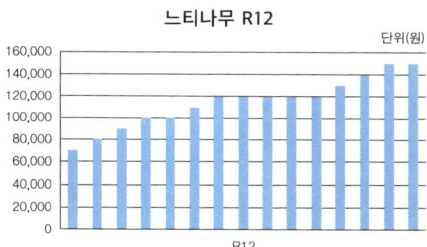

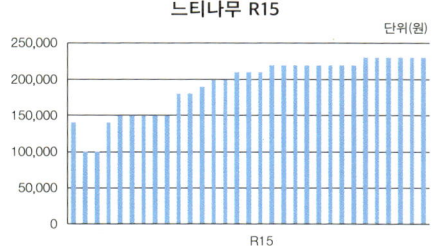

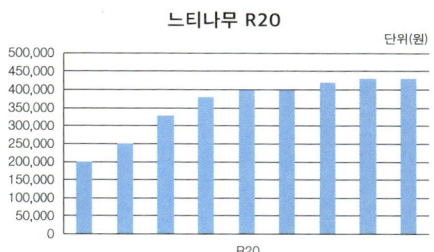

대왕참나무

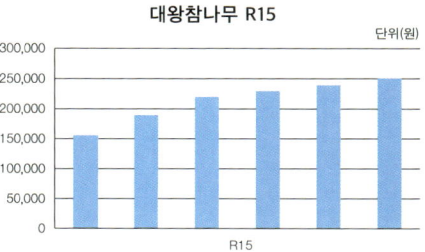

메타세콰이어

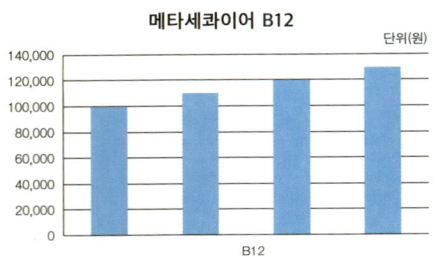

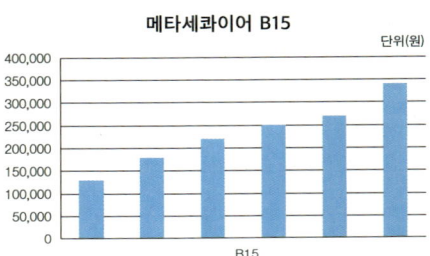

배롱나무

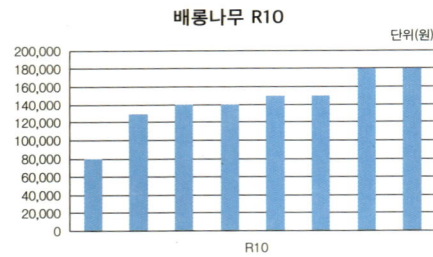

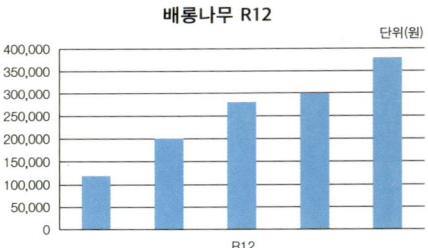

산딸나무

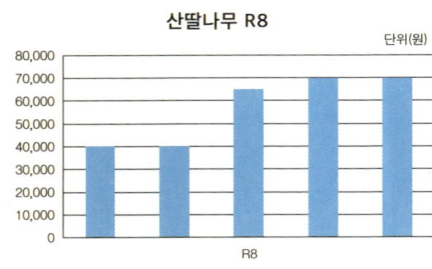

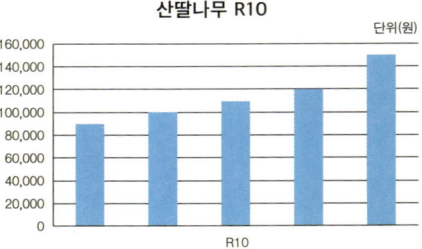

왕벚나무

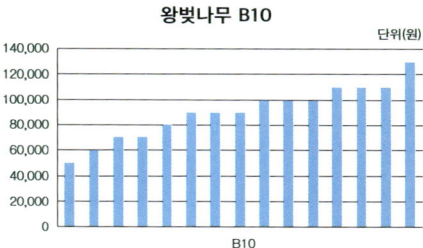

이팝나무

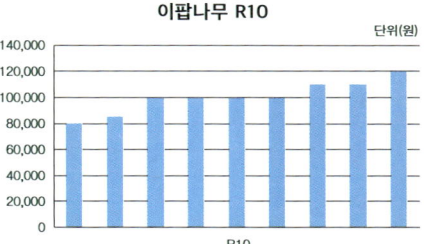

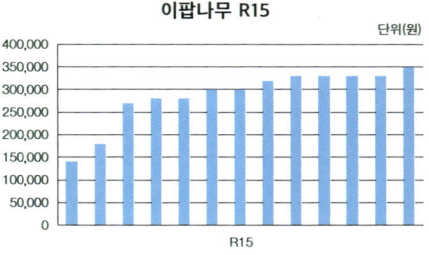

실전편 트리디비 활용편

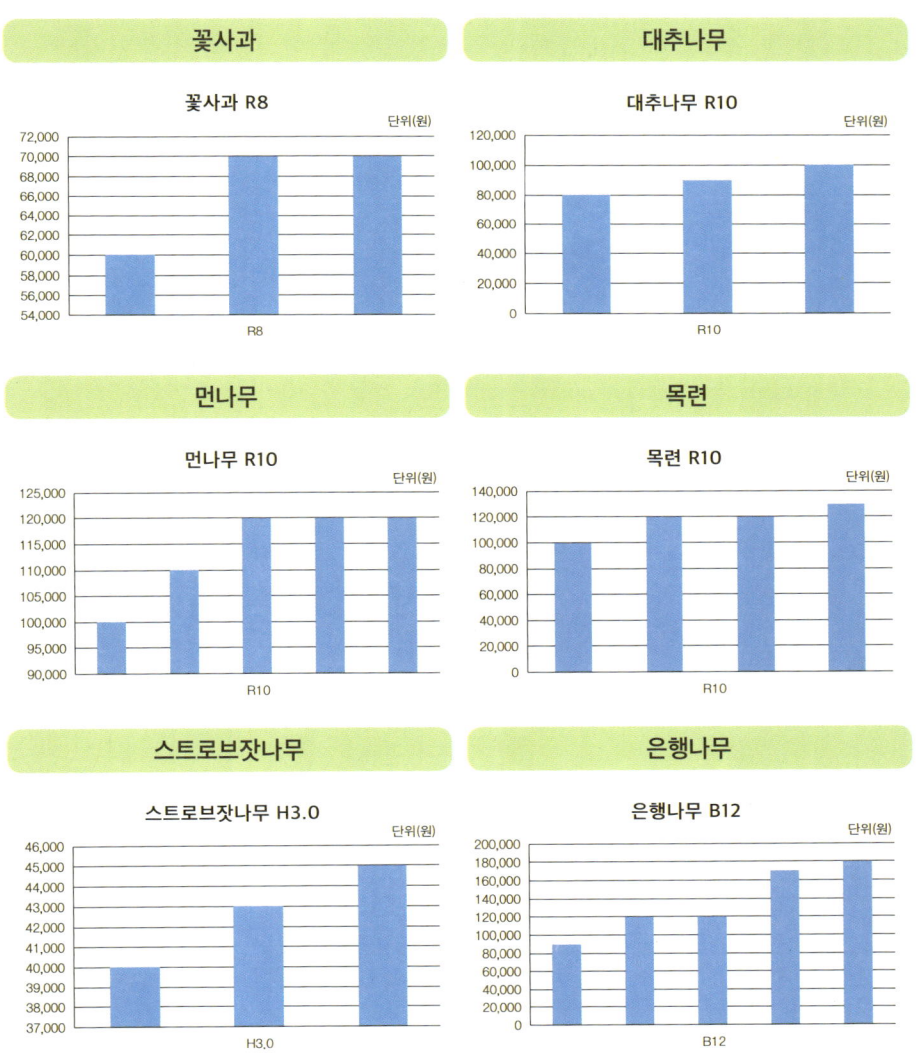

글을 마치며

조경수 판매에 대한 내용을 설명하려다 보니 이해를 돕기 위해 많은 설명을 한 것 같다. 위의 글들을 요약한다면 나무의 수형이 아름다워야 하며 병충해 없이 건강한 나무로 재배하는 것은 기본이다. 그리고 지속적인 판매를 할 수 있도록 온·오프라인으로 다양한 마케팅을 해야 한다.

또한 판매방식에 따라 인건비, 장비대금, 자재비, 운송비등이 소요 될 터인데 여기서 손실을 보지 않도록 지혜롭게 대처해야 한다. 마지막으로 중요한 것은 대금을 뜯겨 낭패를 당하거나 사기 당하지 않도록 각별히 대비를 해야 한다.

조경수 판매를 잘하려면 "상품의 질 향상 + 마케팅 + 신뢰"의 3박자를 고루 갖추어야 한다. 그리고 마케팅 방법으로는 여러 가지를 소개했는데 농장인근에 현수막을 설치하고 트리디비와 같은 직거래 사이트에 조경수 매물을 등록해 보자. 이정도만 해도 전국적인 판로를 형성할 수 있다.

마케팅의 반응을 보면서 광고비용을 더 들여서 홈페이지도 만들고 카탈로그도 만들어서 DM발송도 해보고 신문광고, 지역지 광고 등으로 넓혀 나가길 바란다. 많은 사람들에게 노출되는 상품이 더 많이 팔리는 것을 느낄 수 있을 것이다

조경수 판매 전략 **부록편**

1. 조경수 조달청가격(2015년)
2. 2014년산 산림용 종묘 가격표
3. 2015년 상반기 건설업 임금
4. 2015년 중기별 시간당 운영비
5. 건설표준품셈(조경공사)
6. 조경용 뿌리 감기시 마대와 녹화끈의 사용량

1. 조경수 조달청가격

구분	약칭	단위	설명
수고	H	m	지표면에서 수관의 정상까지의 수직거리 (도장지 제외)
수관폭	W	m	수관의 직경폭 (타원형일때는 최단과 최장폭의 평균치)
흉고직경	B	cm	지표면에서 1.2m 부위의 수간직경
근원직경	R	cm	지표면 부위의 수간직경
수관길이	L	m	수관이 수평으로 성장하는 특성을 가진 조형된 수관의 최대길이

- 본 가격은 지정된 규격에 합당한 것으로서 수형이 잘 정돈되고 발육이 양호하며, 지엽이 밀생되고, 병충의 피해가 없으며 관상적 가치가 있는 것으로 식재에 견딜수 있도록 미리 이식하거나 단근작업 및 뿌리돌림을 실시하여 세근이 발달한 재배품 기준임.
- 조경수목 가격은 각 수요자의 취향, 기호, 수목의 성장과정, 수목의 모양, 발육형태와 구매량의 과다, 식재시기, 수급상황 등에 따라 가격차이가 있을 수 있음
- 부가가치세 : 부가가치세법 제12조에 의한 면세품임. 단, 조경공사 용역의 공급가액에 포함된 화초, 수목 등에 대하여는 부가가치세법 시행령 제3조의 규정에 의하여 과세됨.
- 세부규격중 근원경이 있는 경우는 근원경을, 근원경 이 없이 수관폭이 있는 경우는 수관폭을 우선 규격으로 적용할 수 있음.
- "장미" 수종에 대하여서는 순수 정원용 장미임을 입증할 수 있는 경우, 해당 가격으로 지불이 가능함.
- 가격구분 : 생산지 조사가격
- 거래구분 : 현장도착도(시.도청소재지 기준)

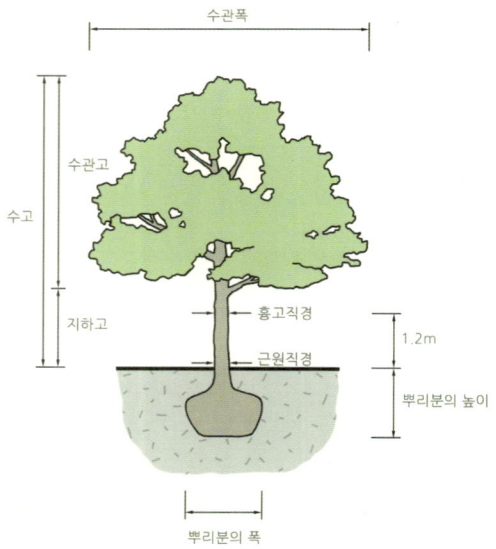

조경수 조달청가격 (2015년)

수종명	규격	가격	비고
가시나무	H2.0 × R4	45,252	상교(남부)
	H2.5 × R5	65,772	
	H3.0 × R6	114,048	
	H3.5 × R8	184,680	
	H4.0 × R10	266,112	
	H4.5 × R12	356,184	
	H4.5 × R15	553,608	
	H5.0 × R18	753,948	
	H5.0 × R20	1,143,828	
가이즈까향나무	H1.2 × W0.4	14,580	상교
	H1.5 × W0.5	26,028	
	H2.0 × W0.6	50,112	
	H2.0 × W0.8	58,212	
	H2.5 × W1.0	123,012	
	H3.0 × W1.2	153,468	
	H3.5 × W1.5	222,696	
	H4.0 × W2.0	310,068	
가이즈까향나무(조형)	H2.5 × W1.0	476,172	상교
	H3.0 × W1.2	778,680	
	H3.0 × W1.5	1,067,580	
	H3.5 × W1.8	1,752,408	
	H4.0 × W2.0	2,618,892	
	H4.5 × W2.5	4,072,788	
가죽나무 (가중나무)	H2.5 × B4	58,104	낙교
	H3.0 × B5	73,764	
	H3.5 × B6	104,220	
	H4.0 × B8	158,868	
	H4.5 × B10	242,028	
	H4.5 × B12	313,740	
	H5.0 × B15	462,564	
가침박달나무	H1.0 × W0.4	8,316	낙관
	H1.2 × W0.5	12,744	
	H1.5 × W0.6	17,712	
갈참나무	H2.0 × R4	52,272	낙교
	H2.5 × R5	65,016	
	H2.5 × R6	102,384	
	H3.0 × R8	149,580	
	H3.0 × R10	226,800	

조경수 조달청가격 (2015년)

수종명	규격	가격	비고
갈참나무	H3.5 × R12	344,304	낙교
	H3.5 × R15	433,728	
	H3.5 × R18	647,244	
	H4.0 × R20	804,816	
감나무	H2.0 × R4	36,180	낙교
	H2.0 × R5	52,056	
	H2.0 × R6	88,992	
	H2.5 × R8	109,296	
	H3.0 × R10	169,020	
	H3.5 × R12	240,840	
	H4.0 × R15	354,024	
	H4.5 × R18	588,060	
	H4.5 × R20	859,248	
	H5.0 × R25	1,104,840	
	H5.0 × R30	2,365,416	
개나리	(3가지) H0.6	864	낙관
	(5가지) H0.8	1,728	
	(7가지) H1.0	3,240	
개쉬땅나무	H0.6	5,724	낙관
	H0.8	8,964	
	H1.0	13,176	
개야광나무	H0.2 × W0.3	3,132	낙관
	H0.3 × W0.4	5,508	
	H0.4 × W0.8	8,748	
개잎갈나무 (히말라야시다)	H3.0 × W1.2 × B3	47,628	상교(남부)
	H3.0 × W1.2 × B4	71,712	
	H3.5 × W1.5 × B6	92,880	
	H4.0 × W1.8 × B8	153,792	
	H4.5 × W2.0 × B10	302,076	
	H4.5 × W2.0 × B12	378,864	
	H4.5 × W2.5 × B15	616,356	
	H4.5 × W2.5 × B18	634,176	
	H5.0 × W3.0 × B20	787,212	
	H6.0 × W3.5 × B25	1,237,896	
갯버들	H0.5	2,268	낙관
	H1.0	3,780	
	H1.2 × W0.7	7,895	
	H1.5 × W0.5	11,400	

●규격 : 수고(H), 수관폭(W), 수관길이(L), 흉고직경(B), 근원직경(R)   ●가격단위(원)

ㄱ 조경수 조달청가격 (2015년)

수종명	규격	가격	비고
갯버들	H1.8 × W0.8	19,700	낙관
겹벚나무	H2.0 × B4	40,284	낙교
	H2.5 × B6	55,512	
	H3.0 × B8	109,296	
	H3.0 × B10	135,864	
	H3.5 × B12	235,764	
	H3.5 × B15	343,980	
	H4.0 × B18	377,352	
	H4.0 × B20	502,146	
겹철쭉	H0.3 × W0.3	2,052	낙관
	H0.4 × W0.4	4,320	
	H0.5 × W0.5	5,616	
	H0.6 × W0.6	7,128	
	H0.8 × W0.8	15,660	
	H1.0 × W1.0	18,900	
	H1.2 × W1.2	24,878	
계수나무	H2.5 × R6	94,932	낙교
	H2.5 × R8	129,384	
	H3.0 × R10	205,956	
	H3.0 × R12	304,344	
	H3.5 × R15	517,320	
	H4.0 × R18	776,088	
	H4.0 × R20	980,532	
	H6.0 × R25	1,486,188	
	H7.0 × R30	1,994,976	
고광나무	(3가지) H1.0	3,672	낙관
	(5가지) H1.2	5,832	
고로쇠나무	H2.0 × R4	27,540	낙교
	H2.0 × R5	39,204	
	H2.0 × R6	59,292	
	H2.5 × R8	96,120	
	H3.0 × R10	132,416	
	H3.5 × R12	176,796	
	H3.5 × R15	217,404	
	H3.5 × R18	311,364	
	H4.0 × R20	496,152	
고추나무	H0.4 × W0.3	3,024	낙관
	H0.6 × W0.4	5,076	

ㄱ 조경수 조달청가격 (2015년)

수종명	규격	가격	비고
고추나무	H0.8 × W0.6	7,992	낙관
	H1.0 × W0.8	10,152	
	H1.2 × W1.0	14,148	
골담초	H0.6 × W0.2	6,048	낙관
	H0.8 × W0.3	9,936	
	H1.0 × W0.4	14,796	
	H1.2 × W0.5	24,840	
곰솔(조형)	H3.0 × W1.2 × R10	371,196	상교
	H3.5 × W1.2 × R12	594,648	
	H3.5 × W1.5 × R15	902,772	
	H4.0 × W1.8 × R18	1,348,704	
	H4.5 × W1.8 × R20	2,599,560	
	H4.5 × W2.0 × R25	2,450,844	
	H5.0 × W2.5 × R30	3,494,556	
곰솔(해송)	H2.0 × W0.6	32,940	상교
	H2.5 × W0.8	46,656	
	H3.0 × W1.0 × R6	78,192	
	H3.0 × W1.2 × R8	130,464	
	H3.0 × W1.2 × R10	213,624	
	H3.5 × W1.5 × R12	329,400	
	H4.0 × W2.0 × R15	495,288	
	H4.5 × W2.0 × R18	760,212	
	H5.0 × W2.5 × R20	988,308	
	H5.5 × W2.5 × R25	1,542,456	
	H6.0 × W3.0 × R30	2,334,312	
공작단풍 (수양단풍)	H1.5 × R4	81,216	낙교
	H1.5 × R5	111,888	
	H1.5 × R6	170,100	
	H2.0 × R8	299,052	
	H2.0 × R10	453,384	
	H2.5 × R12	655,560	
	H2.5 × R15	1,264,680	
	H2.5 × R18	1,921,752	
	H2.5 × R20	2,451,816	
공조팝	H0.6 × W0.3	2,052	낙관
	H0.8 × W0.4	3,564	
	H1.0 × W0.5	5,400	
	H1.2 × W0.6	7,668	

●규격 : 수고(H), 수관폭(W), 수관길이(L), 흉고직경(B), 근원직경(R)　●가격단위(원)

ㄱ 조경수 조달청가격 (2015년)

수종명	규격	가격	비고
광나무	H1.0 × W0.3	3,132	
	H1.2 × W0.4	4,752	상관(남부)
	H1.5 × W0.6	10,584	
광나무 (둥근형)	H1.2 × W1.0	80,784	
	H1.5 × W1.2	108,108	상교
	H1.8 × W1.5	165,672	
구상나무	H1.5 × W0.6	54,324	
	H2.0 × W0.8	122,688	
	H2.5 × W1.0	235,872	
	H2.5 × W1.2	287,496	상교
	H3.0 × W1.5	426,600	
	H3.5 × W1.8	516,240	
	H4.0 × W2.0	691,848	
구실잣 밤나무	H2.0 × R4	51,732	
	H2.5 × R6	124,956	
	H3.0 × R8	225,828	
	H3.0 × R10	247,320	상교(남부)
	H3.5 × R12	392,796	
	H4.0 × R15	569,808	
	H4.5 × R18	665,712	
	H5.0 × R20	753,300	
굴거리나무	H1.5 × W0.6	54,432	
	H2.0 × W0.8	90,388	상교(남부)
	H2.5 × W0.1	153,792	
	H3.0 × W1.2	234,144	
굴참나무	H2.0 × R4	37,260	
	H2.5 × R5	54,756	
	H2.5 × R6	78,408	
	H3.0 × R8	116,856	
	H3.0 × R10	166,644	낙교
	H3.5 × R12	277,128	
	H3.5 × R15	418,932	
	H3.5 × R18	534,060	
	H4.0 × R20	761,724	
귀룽나무	H3.0 × R6	74,628	
	H3.0 × R8	125,380	낙교
	H3.5 × R10	205,408	
	H3.5 × R12	291,492	

ㄱ 조경수 조달청가격 (2015년)

수종명	규격	가격	비고
귀룽나무	H4.0 × R15	479,952	
	H4.5 × R18	568,404	낙교
	H5.0 × R20	652,644	
금송	H1.0 × W0.6	40,176	
	H1.2 × W0.8	500,040	
	H1.5 × W1.0	789,588	
	H2.0 × W1.0	1,497,420	
	H2.5 × W1.2	2,405,916	
	H3.0 × W1.5	2,978,424	상교
	H3.5 × W2.0	3,552,660	
	H4.0 × W2.0	4,059,180	
	H4.5 × W2.5	4,928,040	
	H5.0 × W2.5	6,417,800	
	H6.0 × W3.0	8,276,300	
	H7.0 × W3.5	9,364,464	
꼬리조팝나무	H0.6 × W0.3	1,620	낙관
	H0.8 × W0.4	3,024	
꽃댕강	H0.6 × W0.3	4,428	
	H0.8 × W0.5	7,236	낙관
	H1.0 × W0.6	11,340	
꽃복숭아	H2.0 × R4	74,736	
	H2.5 × R5	101,844	
	H2.5 × R6	154,224	
	H3.0 × R8	269,892	낙교
	H3.0 × R10	319,788	
	H3.5 × R12	433,620	
	H3.5 × R15	496,692	
꽃사과	H2.0 × R4	35,208	
	H2.5 × R5	49,572	
	H2.5 × R6	79,164	
	H3.0 × R8	122,796	낙교
	H3.5 × R10	178,848	
	H3.5 × R12	252,720	
	H4.0 × R15	357,804	
꽝꽝나무	H0.3 × W0.4	17,820	
	H0.4 × W0.6	28,620	상관(남부)
	H0.5 × W0.8	47,736	
	H0.6 × W1.0	70,956	

●규격 : 수고(H), 수관폭(W), 수관길이(L), 흉고직경(B), 근원직경(R) ●가격단위(원)

ㄱ 조경수 조달청가격 (2015년)

수종명	규격	가격	비고
꽝꽝나무 (둥근형)	H1.0 × W0.6	99,600	상교
	H1.0 × W1.2	202,608	
	H1.2 × W0.6	196,000	
	H1.2 × W1.5	372,060	
	H1.5 × W0.8	333,900	
	H1.5 × W2.0	734,076	

ㄴ 조경수 조달청가격 (2015년)

수종명	규격	가격	비고
나무수국	H1.0 × W0.6	10,908	상교
	H1.2 × W0.8	19,656	
	H1.5 × W1.0	37,152	
나한송	H1.2 × W0.4	53,244	낙관
	H1.5 × W0.6	83,916	
	H1.8 × W0.8	108,000	
	H2.0 × W1.0	145,368	
	H2.5 × W1.0	238,248	
	H3.0 × W1.2	277,776	
	H3.5 × W1.2	407,700	
	H4.0 × W1.5	532,656	
낙상홍	H1.0 × W0.4	7,344	낙관
	H1.5 × W0.6	15,984	
	H1.8 × W0.8	36,288	
	H2.0 × W1.0	66,852	
	H2.0 × W1.5	145,152	
	H2.5 × W2.0	332,424	
	H3.0 × W2.5	662,364	
낙우송	H2.5 × R4	45,252	낙교
	H3.0 × R6	85,968	
	H3.5 × R8	114,912	
	H4.0 × R10	216,000	
	H4.0 × R12	308,448	
	H4.5 × R15	349,758	
	H4.5 × R18	417,690	
	H5.0 × R20	499,392	
	H5.0 × R25	845,100	

ㄴ 조경수 조달청가격 (2015년)

수종명	규격	가격	비고
낙우송	H6.0 × R30	1,247,184	낙교
남천	(2가지) H0.8	4,644	상관
	(3가지) H1.0	5,940	
	(5가지) H1.2	10,800	
	(7가지) H1.5	16,848	
노각나무	H2.0 × R4	47,628	낙교
	H2.5 × R6	84,780	
	H3.0 × R8	167,616	
	H3.5 × R10	340,740	
	H3.5 × R12	500,472	
	H4.0 × R15	885,492	
노린재나무	H0.6 × W0.2	5,940	낙관
	H0.8 × W0.3	10,044	
	H1.0 × W0.4	15,552	
	H1.2 × W0.5	26,136	
노박덩굴	L1.0 × R1	3,780	만경목
녹나무	H2.0 × R4	45,252	상교
	H2.5 × R6	108,864	
	H2.5 × R8	160,704	
	H3.0 × R10	219,672	
	H3.5 × R12	309,528	
	H4.0 × R15	432,108	
	H4.5 × R18	534,492	
	H4.5 × R20	574,992	
눈향나무	H0.2 × W0.3 × L0.6	5,616	상관
	H0.3 × W0.4 × L0.8	10,584	
	H0.3 × W0.6 × L1.0	20,088	
	H0.4 × W0.8 × L1.4	46,332	
느릅나무	H2.5 × R4	32,832	낙교
	H2.5 × R5	38,189	
	H3.0 × R6	60,480	
	H3.5 × R8	99,252	
	H3.5 × R10	164,700	
	H4.0 × R12	259,524	
	H4.0 × R15	438,048	
	H4.0 × R18	621,756	
	H4.5 × R20	837,756	
	H4.5 × R25	1,570,644	

●규격 : 수고(H), 수관폭(W), 수관길이(L), 흉고직경(B), 근원직경(R) ●가격단위(원)

조경수 판매 전략 부록편

ㄴ 조경수 조달청가격 (2015년)

수종명	규격	가격	비고
느릅나무	H5.0 × R30	2,378,916	낙교
느티나무	H2.5 × R4	34,560	낙교
	H2.5 × R5	52,812	
	H3.0 × R6	78,084	
	H3.5 × R8	133,920	
	H3.5 × R10	181,332	
	H4.0 × R12	304,992	
	H4.0 × R15	558,792	
	H4.0 × R18	892,296	
	H4.5 × R20	1,144,584	
	H4.5 × R25	1,657,476	
	H5.0 × R30	2,754,864	
	H6.0 × R35	4,055,184	
	H6.0 × R40	5,904,900	
	H6.0 × R45	7,247,664	
	H7.0 × R50	8,587,404	
	H7.0 × R55	11,531,160	
	H7.0 × R60	17,262,504	
능소화	L2.0 × R2	42,876	낙관
	L2.5 × R4	100,980	
	L3.0 × R6	211,788	
능수백도화	H3.0 × R6.0	174,400	낙교
	H3.0 × R8.0	210,200	

ㄷ 조경수 조달청가격 (2015년)

수종명	규격	가격	비고
다래덩굴	L1.0 × R2	34,344	만경목
	L2.0 × R4	58,320	
다릅나무	H2.0 × R4	44,064	낙교
	H2.5 × R6	69,660	
	H3.0 × R8	101,844	
	H3.5 × R10	200,556	
	H3.5 × R12	393,120	
	H3.5 × R15	726,516	
	H3.5 × R18	982,692	
	H4.0 × R20	1,290,924	

ㄷ 조경수 조달청가격 (2015년)

수종명	규격	가격	비고
다정큼나무	H0.8 × W0.5	47,952	상관(남부)
	H1.0 × W0.6	83,484	
	H1.2 × W0.8	142,884	
	H1.5 × W1.0	229,716	
단풍철쭉	H0.3 × W0.1	2,052	낙관
	H0.4 × W0.2	3,029	
	H0.6 × W0.3	5,400	
	H0.8 × W0.5	8,208	
	H1.0 × W0.6	10,260	
담쟁이덩굴	L0.4	2,200	낙엽덩굴식물
담팔수	H2.0 × R4	43,740	상교
	H2.0 × R6	106,920	
	H2.5 × R8	175,284	
	H2.5 × R10	197,640	
	H3.0 × R12	301,212	
	H3.0 × R15	432,000	
	H3.5 × R18	513,540	
	H4.0 × R20	594,000	
당단풍	H2.0 × R4	37,152	낙교
	H2.0 × R6	72,036	
	H2.5 × R8	125,820	
	H3.0 × R10	222,696	
	H3.5 × R12	320,436	
	H3.5 × R15	511,164	
	H4.0 × R20	575,424	
당종려	H0.6	76,464	낙교
	H0.8	91,800	
	H1.0	111,456	
	H1.2	127,764	
	H1.5	192,240	
	H1.8	385,236	
	H2.0	497,664	
	H2.5	742,068	
	H3.0	898,452	
	H3.5	1,211,544	
	H4.0	1,527,984	
대나무	H3.5 × R3	30,132	상단엽
	H4.0 × R4	39,960	

● 규격 : 수고(H), 수관폭(W), 수관길이(L), 흉고직경(B), 근원직경(R) ● 가격단위(원)

조경수 조달청가격 (2015년)

수종명	규격	가격	비고
대나무	H5.0 × R5	51,192	상단엽
대왕참나무	H2.5 × R4	50,868	낙교
	H3.0 × R6	107,136	
	H3.5 × R8	163,728	
	H3.5 × R10	219,780	
	H4.0 × R12	336,636	
	H4.0 × R15	656,748	
	H4.5 × R18	923,508	
	H4.5 × R20	1,269,972	
	H5.0 × R25	1,737,288	
	H5.5 × R30	2,599,344	
대추나무	H2.0 × R4	39,204	낙교
	H2.5 × R6	84,024	
	H3.0 × R8	141,480	
	H3.5 × R10	225,612	
	H3.5 × R12	303,912	
	H3.5 × R15	559,332	
	H3.5 × R18	831,276	
	H4.0 × R20	1,028,376	
대팻집나무	H2.5 × R6	75,276	상교
	H2.5 × R8	132,516	
	H3.0 × R10	202,068	
	H3.0 × R12	343,656	
	H3.5 × R15	489,780	
	H3.5 × R18	649,728	
	H4.0 × R20	791,964	
댕강나무	H1.0 × W0.4	4,536	낙관
	H1.2 × W0.6	9,288	
덜꿩나무	H1.0 × W0.4	13,500	낙관
	H1.5 × W0.6	35,424	
	H1.8 × W0.8	72,792	
	H2.0 × W1.0	127,116	
덩굴장미	(3가지) H1.0	5,141	낙관
	(4가지) H1.2	10,584	
	(5가지) H1.5	15,120	
독일가문비	H1.5 × W0.8	30,780	상교
	H2.0 × W1.0	56,916	
	H2.5 × W1.2	86,508	

조경수 조달청가격 (2015년)

수종명	규격	가격	비고
독일가문비	H3.0 × W1.5	141,048	상교
	H3.5 × W1.8	229,608	
	H4.0 × W2.0	329,400	
돈나무	H0.5 × W0.4	17,820	상관(남부)
	H0.6 × W0.5	29,808	
	H0.8 × W0.6	55,512	
	H1.0 × W0.8	77,328	
	H1.2 × W1.0	125,496	
	H1.5 × W1.2	256,284	
	H2.0 × W1.5	389,772	
	H2.5 × W2.0	829,548	
동백나무 (홑,겹)	H1.0 × W0.2	16,740	상교(남부)
	H1.2 × W0.4	38,556	
	H1.5 × W0.6	64,692	
	H1.8 × W0.8	86,184	
	H2.0 × W1.0	149,040	
	H2.5 × W1.0 × R8	281,016	
	H3.0 × W1.2 × R10	513,972	
	H3.0 × W1.2 × R12	759,240	
	H3.5 × W1.5 × R15	1,566,216	
	H3.5 × W2.0 × R18	1,693,764	
	H4.0 × W2.0 × R20	2,250,828	
등나무	L1.0 × R1	8,964	낙교
	L2.0 × R2	17,280	
	L2.5 × R4	42,660	
	L3.0 × R6	98,604	
	L3.5 × R8	151,956	
때죽나무	H1.5 × R3	40,068	낙교
	H2.0 × R4	54,216	
	H2.5 × R6	74,196	
	H3.0 × R8	136,188	
	H3.5 × R10	220,428	
	H3.5 × R12	403,920	
	H3.5 × R15	732,132	
	H3.5 × R18	817,020	
	H14.0 × R20	1,087,560	
떡갈나무	H2.0 × R4	40,608	낙교
	H2.5 × R5	68,364	

●규격 : 수고(H), 수관폭(W), 수관길이(L), 흉고직경(B), 근원직경(R)　●가격단위(원)

조경수 판매 전략 부록편

ㄷ 조경수 조달청가격 (2015년)

수종명	규격	가격	비고
떡갈나무	H2.5 × R6	80,244	낙교
	H3.0 × R8	112,752	
	H3.0 × R10	172,152	
	H3.5 × R12	285,768	
	H3.5 × R15	410,076	
	H3.5 × R18	533,304	
	H4.0 × R20	713,016	
뜰보리수	H1.2 × W0.6	11,016	낙관
	H1.5 × W0.8	18,360	
	H2.0 × W1.0	37,692	

ㄹ 조경수 조달청가격 (2015년)

수종명	규격	가격	비고
루브라참나무	H2.5 × R4	36,504	낙교
	H2.5 × R6	61,884	
	H3.0 × R8	86,292	
	H3.0 × R10	135,864	
	H3.5 × R12	199,368	
	H3.5 × R15	307,692	
	H3.5 × R18	423,144	
	H4.0 × R20	642,708	

ㅁ 조경수 조달청가격 (2015년)

수종명	규격	가격	비고
마가목	H2.0 × R4	44,712	낙교
	H2.5 × R5	66,636	
	H2.5 × R6	100,764	
	H3.0 × R8	155,952	
	H3.0 × R10	227,880	
	H3.0 × R12	381,888	
	H3.5 × R15	542,700	
	H4.0 × R18	732,132	
	H4.5 × R20	947,808	
만리화	(3가지) H1.0 × W0.3	3,024	낙관

ㅁ 조경수 조달청가격 (2015년)

수종명	규격	가격	비고
만리화	(5가지) H1.2 × W0.4	4,536	낙관
	(7가지) H1.5 × W0.6	7,128	
말발도리	H1.0 × W0.3	1,512	낙관
	H1.2 × W0.4	2,592	
	H1.5 × W0.6	5,076	
말채나무	H3.0 × R6	54,324	낙관
	H3.5 × R8	85,860	
	H4.0 × R10	147,960	
	H4.5 × R12	219,456	
	H4.5 × R15	300,996	
	H4.5 × R18	511,704	
	H5.0 × R20	505,440	
	H5.0 × R25	1,073,520	
매자나무	H0.5 × W0.3	3,888	낙관
	H0.6 × W0.4	7,128	
	H0.8 × W0.6	10,152	
매화나무	H2.0 × R4	44,604	낙교
	H2.5 × R6	79,056	
	H3.0 × R8	118,800	
	H3.5 × R10	202,716	
	H3.5 × R12	332,424	
	H4.0 × R15	498,528	
	H4.0 × R18	606,420	
	H4.0 × R20	869,940	
먼나무	H2.0 × R4	66,636	상교(남부)
	H2.0 × R5	96,876	
	H2.5 × R6	142,776	
	H2.5 × R8	266,220	
	H3.0 × R10	431,568	
	H3.5 × R12	565,920	
	H4.0 × R15	765,288	
	H4.0 × R18	1,296,432	
	H4.5 × R20	1,898,424	
메타세콰이아	H2.5 × B4	39,636	낙교
	H3.0 × B5	53,892	
	H3.5 × B6	78,516	
	H4.0 × B8	151,632	
	H4.5 × B10	242,568	

● 규격 : 수고(H), 수관폭(W), 수관길이(L), 흉고직경(B), 근원직경(R)　● 가격단위(원)

조경수 조달청가격 (2015년)

수종명	규격	가격	비고
메타세콰이아	H5.0 × B12	330,372	낙교
	H5.5 × B15	560,412	
	H5.5 × B18	704,268	
	H6.0 × B20	954,180	
	H6.0 × B25	1,287,468	
명자나무	H0.6 × W0.4	3,348	낙관
	H0.8 × W0.5	4,968	
	H1.0 × W0.6	8,856	
모감주나무	H2.5 × R4	37,152	낙교
	H3.0 × R6	66,420	
	H3.0 × R8	118,800	
	H3.5 × R10	192,132	
	H4.0 × R12	277,128	
	H4.0 × R15	394,848	
모과나무	H2.0 × R4	47,520	낙교
	H2.5 × R5	53,136	
	H2.5 × R6	100,872	
	H3.0 × R8	140,400	
	H3.0 × R10	184,572	
	H3.5 × R12	253,044	
	H4.0 × R15	477,792	
	H4.5 × R18	710,532	
	H4.5 × R20	971,892	
모란	(2가지) H0.3	10,692	낙관
	(3가지) H0.5	18,684	
	(5가지) H0.6	25,488	
목련 (백목련, 자목련)	H2.0 × R4	45,684	낙교
	H2.0 × R5	61,884	
	H2.0 × R6	91,260	
	H2.5 × R8	146,988	
	H3.0 × R10	212,112	
	H3.5 × R12	337,284	
	H3.5 × R15	504,252	
	H3.5 × R18	666,468	
	H4.0 × R20	910,764	
	H4.5 × R25	1,014,012	
	H4.5 × R30	1,252,908	
목백합(튜립나무)	H2.5 × R4	31,487	낙교

조경수 조달청가격 (2015년)

수종명	규격	가격	비고
목백합 (튜립나무)	H3.0 × R5	48,276	낙교
	H3.5 × R6	63,936	
	H3.5 × R8	106,704	
	H4.0 × R10	158,328	
	H4.5 × R12	256,932	
	H5.0 × R15	394,092	
	H5.5 × R18	447,336	
	H5.5 × R20	574,668	
목서(금)	H1.5 × W0.6	132,948	상관
	H2.0 × W1.0	240,192	
	H2.5 × W1.2	442,260	
	H3.0 × W1.5	618,624	
	H3.5 × W2.0	849,096	
목서(은)	H1.5 × W0.6	116,856	상관
	H2.0 × W1.0	180,144	
	H2.5 × W1.2	379,080	
	H3.0 × W1.5	507,924	
	H3.5 × W2.0	683,100	
무궁화	H1.0 × W0.2	1,944	낙관
	H1.2 × W0.3	2,916	
	H1.5 × W0.4	3,672	
	H1.8 × W0.5	8,100	
	H2.0 × W0.6	18,252	
무궁화 (가로수 및 정원용)	H2.0 × W0.6 × R4	71,064	낙관
	H2.5 × W0.6 × R5	82,296	
	H2.5 × W0.8 × 6	131,220	
	H3.0 × W0.8 × R8	256,932	
	H3.0 × W1.0 × R10	504,036	
	H3.0 × W1.2 × R12	635,040	
	H3.5 × W1.5 × R15	783,216	
무화과	H1.5 × R4	58,300	낙관
	H1.5 × R6	91,600	
	H2 × R8	144,500	
	H2 × R10	225,800	
	H2.5 × R12	393,200	
물푸레나무	H2.0 × R4	40,176	낙교
	H2.5 × R6	62,316	
	H3.0 × R8	105,084	

● 규격 : 수고(H), 수관폭(W), 수관길이(L), 흉고직경(B), 근원직경(R) ● 가격단위(원)

조경수 판매 전략 부록편

ㅁ 조경수 조달청가격 (2015년)

수종명	규격	가격	비고
물푸레나무	H3.0 × R10	153,468	
	H3.5 × R12	240,840	
	H3.5 × R15	316,548	낙교
	H4.0 × R18	422,712	
	H4.5 × R20	553,284	
미국담쟁이	L0.3	972	낙엽덩굴식물
	L0.4	864	
미국풍나무	H2.5 × R6	75,600	
	H3.0 × R8	132,084	
	H3.5 × R10	198,612	낙교
	H3.5 × R12	385,128	
	H4.0 × R15	638,604	
미선나무	(3가지) H0.8	4,428	
	(4가지) H1.0	8,100	낙관
	(5가지) H1.2	9,828	

ㅂ 조경수 조달청가격 (2015년)

수종명	규격	가격	비고
박태기나무	H1.0 × W0.3	5,184	
	H1.2 × W0.5	7,992	
	H1.5 × W0.6	13,716	낙관
	H1.8 × W0.8	20,520	
	H2.0 × W1.0	31,536	
배롱나무	H1.5 × R3	53,244	
	H2.0 × R4	80,568	
	H2.0 × R5	103,896	
	H2.5 × R6	179,712	
	H2.5 × R8	260,604	낙교
	H3.0 × R10	382,644	
	H3.0 × R12	797,364	
	H3.5 × R15	1,347,732	
	H3.5 × R18	2,574,936	
	H3.5 × R20	3,231,144	
백량금	H0.4 × W0.3	8,748	
	H0.5 × W0.3	17,172	상관
	H0.6 × W0.4	30,132	

ㅂ 조경수 조달청가격 (2015년)

수종명	규격	가격	비고
백송	H2.0 × W1.2 × R6	160,164	
	H2.5 × W1.5 × R8	309,960	
	H3.0 × W1.5 × R10	417,852	
	H3.5 × W1.5 × R12	514,836	상교
	H4.0 × W2.0 × R15	1,015,740	
	H4.0 × W2.0 × R18	1,280,880	
	H4.0 × W2.0 × R20	1,581,876	
백철쭉	H0.3 × W0.3	2,052	
	H0.4 × W0.4	3,132	
	H0.5 × W0.5	5,616	
	H0.6 × W0.6	12,744	낙교
	H0.8 × W0.8	28,944	
	H1.0 × W1.0	35,316	
	H1.2 × W1.2	46,440	
버즘나무 (플라타너스)	H2.5 × B4	35,316	
	H3.0 × B5	43,740	
	H3.0 × B6	59,832	낙교
	H3.5 × B8	108,864	
	H4.0 × B10	163,296	
	H4.5 × B12	243,972	
벽오동	H2.5 × B4	26,244	
	H3.0 × B5	33,480	
	H3.0 × B6	53,136	
	H3.5 × B8	80,676	낙교
	H4.0 × B10	112,104	
	H4.0 × B12	218,700	
	H4.5 × B15	300,348	
병꽃나무	H1.0 × W0.4	2,484	낙관
	H1.2 × W0.6	3,996	
병아리꽃	H0.8 × W0.3	4,860	
	H1.0 × W0.4	6,588	낙관
	H1.2 × W0.5	9,180	
	H1.5 × W0.6	12,744	
보리수나무	H1.5 × W0.8	19,872	낙관
	H2.0 × W1.0	37,260	
복자기	H2.0 × R4	40,392	
	H2.0 × R5	56,376	낙교
	H2.5 × R6	80,784	

● 규격 : 수고(H), 수관폭(W), 수관길이(L), 흉고직경(B), 근원직경(R) ● 가격단위(원)

ㅂ 조경수 조달청가격 (2015년)

수종명	규격	가격	비고
복자기	H2.5 × R8	133,272	낙교
	H3.0 × R10	194,616	
	H3.0 × R12	294,516	
	H3.5 × R15	362,772	
	H4.0 × R18	597,564	
	H4.0 × R20	730,728	
분꽃나무	H0.4 × W0.3	9,288	낙관
	H0.6 × W0.4	14,472	
	H0.8 × W0.6	19,332	
	H1.0 × W0.8	29,160	
	H1.2 × W1.0	39,096	
불두화	H1.2 × W0.8	7,884	낙관
	H1.5 × W1.0	12,209	
	H1.8 × W1.2	18,819	
	H2.0 × W1.5	25,429	
비목나무	H2.5 × R6	79,272	낙교
	H2.5 × R8	149,256	
	H3.0 × R10	201,528	
	H3.0 × R12	281,016	
	H3.5 × R15	400,680	
	H3.5 × R18	573,588	
	H4.0 × R20	803,196	
비파나무	H1.5 × R4	59,076	상교
	H2.0 × R6	131,652	
	H2.0 × R8	239,004	
	H2.5 × R10	354,672	
	H2.5 × R12	485,784	
	H3.0 × R15	711,720	
	H3.5 × R18	1,249,776	
	H4.0 × R20	2,256,660	

ㅅ 조경수 조달청가격 (2015년)

수종명	규격	가격	비고
사철나무	H1.0 × W0.3	2,376	상관
	H1.2 × W0.4	4,104	
	H1.5 × W0.5	7,560	
사철나무 (둥근형)	H1.2 × W1.2	108,540	상관
	H1.5 × W1.5	161,352	
산겨릅나무	H2.0 × R4	40,824	낙교
	H2.5 × R5	70,416	
	H2.5 × R6	121,176	
	H3.0 × R8	198,072	
	H3.0 × R10	295,920	
	H3.0 × R12	393,768	
산딸나무	H2.0 × R4	39,636	낙교
	H2.0 × R5	52,920	
	H2.5 × R6	88,884	
	H3.0 × R8	164,700	
	H3.5 × R10	249,696	
	H3.5 × R12	346,788	
	H3.5 × R15	525,204	
	H3.5 × R18	555,768	
	H4.0 × R20	696,060	
산벚나무	H2.0 × B3	35,532	낙교
	H2.5 × B4	50,436	
	H2.5 × B5	68,472	
	H3.0 × B6	88,344	
	H3.5 × B8	132,408	
	H4.0 × B10	227,664	
	H4.0 × B12	365,688	
	H4.5 × B15	531,144	
	H4.5 × B18	826,092	
	H5.0 × B20	1,132,488	
산사나무	H2.0 × R4	54,972	낙교
	H2.0 × R5	73,872	
	H2.5 × R6	105,084	
	H3.0 × R8	178,740	
	H3.0 × R10	230,256	
	H3.5 × R12	482,436	
	H3.5 × R15	790,020	
	H4.0 × R18	844,560	
	H4.0 × R20	1,013,688	
산수국	H0.3 × W0.4	5,940	낙관
	H0.4 × W0.5	7,987	

●규격 : 수고(H), 수관폭(W), 수관길이(L), 흉고직경(B), 근원직경(R) ●가격단위(원)

조경수 조달청가격 (2015년)

수종명	규격	가격	비고
산수유	H1.5 × R4	37,044	낙교
	H2.0 × R5	62,100	
	H2.5 × R6	99,144	
	H2.5 × R8	169,128	
	H3.0 × R10	269,460	
	H3.0 × R12	455,004	
	H3.5 × R15	584,388	
	H3.5 × R18	932,904	
	H3.5 × R20	1,196,100	
산철쭉	H0.3 × W0.3	2,052	낙관
	H0.4 × W0.4	2,484	
	H0.5 × W0.5	3,780	
	H0.6 × W0.6	5,184	
	H0.8 × W0.8	8,856	
	H1.0 × W1.0	14,796	
	H1.2 × W1.2	23,220	
살구나무	H2.5 × R6	68,472	낙교
	H3.0 × R8	120,420	
	H3.5 × R10	223,668	
	H4.0 × R12	353,160	
	H4.0 × R15	472,500	
	H4.0 × R18	540,000	
	H4.5 × R20	715,608	
	H5.0 × R25	1,383,264	
	H5.0 × R30	1,939,464	
삼나무	H2.5 × W1.0	57,672	상교
	H3.0 × W1.2	81,648	
	H3.5 × W1.5	145,152	
	H4.0 × W1.8	212,436	
상수리나무	H2.0 × R4	36,720	낙교
	H2.5 × R5	61,452	
	H3.0 × R6	91,908	
	H3.5 × R8	152,712	
	H3.5 × R10	201,744	
	H4.0 × R12	280,908	
	H4.0 × R15	339,444	
	H4.5 × R18	504,252	
	H4.5 × R20	678,996	

조경수 조달청가격 (2015년)

수종명	규격	가격	비고
생강나무	H1.2	8,532	낙관
	H1.5	19,008	
	H2.0	38,556	
서부해당화	H2.5 × R4	64,368	낙교
	H2.5 × R6	122,256	
	H3.0 × R8	245,808	
	H3.5 × R10	320,328	
	H3.5 × R12	431,676	
	H3.5 × R15	558,144	
	H4.0 × R18	693,468	
	H5.0 × R20	820,260	
서양측백	H1.2 × W0.4	19,440	상교
	H1.5 × W0.5	31,860	
	H2.0 × W0.6	50,544	
	H2.5 × W0.8	76,032	
	H3.0 × W1.0	139,860	
	H3.5 × W1.2	205,632	
	H3.5 × W1.5	298,404	
	H3.5 × W1.8	352,728	
	H4.0 × W2.0	470,556	
서어나무	H2.5 × R4	40,068	낙교
	H3.0 × R6	64,260	
	H3.5 × R8	106,164	
	H3.5 × R10	146,340	
	H4.0 × R12	222,372	
	H4.0 × R15	345,708	
석류나무	H2.0 × R4	84,348	낙교
	H2.5 × R6	153,252	
	H3.0 × R8	239,868	
	H3.5 × R10	427,248	
섬잣나무	H1.5 × W0.6	50,976	상교
	H2.0 × W0.8	105,516	
	H2.5 × W1.0	247,104	
	H2.5 × W1.5	458,892	
섬잣나무 (조형)	H2.5 × W1.2	590,760	상교
	H3.0 × W1.5	1,334,556	
	H3.5 × W1.8	2,470,716	
	H3.5 × W2.0	2,482,056	

●규격 : 수고(H), 수관폭(W), 수관길이(L), 흉고직경(B), 근원직경(R) ●가격단위(원)

조경수 조달청가격 (2015년)

수종명	규격	가격	비고
소나무	H2.0 × W0.8 × R6	125,388	상교
	H2.5 × W1.0 × R8	217,080	
	H3.0 × W1.5 × R10	344,520	
	H3.5 × W1.5 × R12	439,560	
	H4.0 × W2.0 × R15	570,996	
	H4.5 × W2.0 × R18	701,136	
	H5.0 × W2.5 × R20	867,240	
	H5.5 × W2.5 × R25	1,422,252	
	H6.0 × W3.0 × R30	2,817,072	
	H7.0 × W3.5 × R35	3,883,248	
	H8.0 × W4.0 × R40	6,354,720	
	H9.0 × W4.0 × R45	7,564,104	
	H9.0 × W4.0 × R50	9,177,192	
소나무 (둥근형)	H1.0 × W1.2	287,928	상교
	H1.2 × W1.5	440,856	
	H1.5 × W1.8	588,384	
	H1.5 × W2.0	801,900	
	H2.0 × W2.5	1,524,312	
소나무 (장송)	H8.0 × R25	2,347,596	상교
	H8.0 × R30	3,566,916	
	H9.0 × R35	4,713,606	
	H9.0 × R40	6,929,928	
	H10.0 × R45	8,067,060	
	H10.0 × R50	9,280,224	
	H10.0 × R55	12,641,076	
	H10.0 × R60	14,354,496	
소나무 (조형)	H2.0 × W0.8 × R6	186,084	상교
	H2.5 × W1.0 × R8	376,380	
	H2.5 × W1.2 × R10	708,156	
	H3.0 × W1.5 × R12	1,043,928	
	H3.5 × W1.5 × R15	1,881,792	
	H3.5 × W1.5 × R18	2,694,492	
	H4.0 × W1.8 × R20	3,599,856	
	H4.5 × W2.0 × R25	4,506,948	
	H5.0 × W2.5 × R30	6,024,024	
	H5.0 × W2.5 × R35	7,109,316	
	H5.0 × W3.0 × R40	8,086,932	
소사나무	H2.0 × R4	38,772	낙교

조경수 조달청가격 (2015년)

수종명	규격	가격	비고
소사나무	H2.5 × R6	68,256	낙교
	H2.5 × R8	127,548	
	H3.0 × R10	166,860	
	H3.0 × R12	231,984	
	H3.5 × R15	313,524	
소철	H0.3	79,596	상관
	H0.5	116,964	
	H0.7	212,868	
	H1.0	311,256	
	H1.2	444,744	
	H1.5	762,588	
수수꽃다리 (라일락)	H1.0 × W0.2	2,592	낙관
	H1.2 × W0.4	4,131	
	H1.5 × W0.6	9,828	
	H1.8 × W0.8	24,300	
	H2.0 × W1.0	34,992	
	H2.0 × W1.5 × R6	114,804	
	H2.5 × W1.2	47,952	
	H2.5 × W1.5	52,596	
	H2.5 × W2.0 × R8	218,484	
수양(능수) 버들	H3.0 × R6	66,852	낙교
	H3.0 × R8	119,664	
	H3.0 × R10	179,928	
	H3.0 × R12	258,660	
	H3.5 × R15	341,172	
	H4.0 × R20	519,156	
쉬나무	H2.0 × R4	32,832	낙교
	H2.5 × R6	58,968	
	H3.0 × R8	105,516	
	H3.0 × R10	170,748	
스트로브 잣나무	H1.5 × W0.6	31,536	상교
	H2.0 × W1.0	43,740	
	H2.5 × W1.2	62,316	
	H3.0 × W1.5	84,364	
	H3.5 × W1.8	163,836	
	H4.0 × W2.0	258,984	
	H5.0 × W2.5	409,212	
	H5.5 × W2.7	655,128	

●규격 : 수고(H), 수관폭(W), 수관길이(L), 흉고직경(B), 근원직경(R) ●가격단위(원)

조경수 조달청가격 (2015년) - ㅅ

수종명	규격	가격	비고
식나무	H0.4 × W0.3	10,152	상관
	H0.6 × W0.4	16,200	
	H0.8 × W0.6	30,672	
	H1.0 × W0.8	45,468	
	H1.2 × W1.0	61,668	
신갈나무	H2.0 × R4	39,852	낙교
	H2.5 × R5	50,004	
	H2.5 × R6	95,580	
	H3.0 × R8	141,912	
	H3.0 × R10	201,744	
	H3.5 × R12	309,744	
	H3.5 × R15	402,624	
	H4.0 × R18	538,164	
	H4.0 × R20	721,440	
신나무	H2.5 × R4	60,804	낙교
	H2.5 × R6	106,272	
	H2.5 × R8	214,920	
	H2.5 × R10	291,384	
	H3.0 × R12	400,788	
	H3.5 × R15	519,156	
실유카 (실란)	H0.2	7,884	초화
	H0.3	11,880	
	H0.5	24,192	
실편백	H1.5 × W1.0	33,588	상교
	H2.0 × W1.5	69,336	
	H2.5 × W1.8	117,936	

조경수 조달청가격 (2015년) - ㅇ

수종명	규격	가격	비고
아그배나무	H2.5 × R4	57,024	낙교
	H2.5 × R6	92,016	
	H2.5 × R8	181,224	
	H3.0 × R10	284,040	
	H3.5 × R12	342,900	
	H3.5 × R15	462,888	
아왜나무	H1.5 × W0.8	42,984	상교(남부)

조경수 조달청가격 (2015년) - ㅇ

수종명	규격	가격	비고
아왜나무	H2.0 × W1.0	58,320	상교(남부)
	H2.5 × W1.2	103,464	
	H3.0 × W1.5	178,956	
	H3.5 × W2.0	411,480	
애기동백나무	H1.2 × W0.4	49,248	상교(남부)
	H1.5 × W0.6	72,792	
	H1.8 × W0.8	123,336	
	H2.0 × W1.0	162,216	
	H2.0 × W1.2	204,228	
	H2.5 × W1.5	310,824	
	H3.0 × W1.8	466,992	
애기배롱 (미니배롱)	H0.3 × W0.3	3,132	낙교
	H0.4 × W0.4	4,428	
	H0.5 × W0.5	6,048	
	H0.6 × W0.5	10,260	
앵도나무	H1.2 × W0.6	11,988	낙관
	H1.5 × W0.8	24,732	
	H1.8 × W1.2	51,840	
	H2.0 × W1.5	72,468	
야광나무	H2.0 × R4	31,763	낙교
	H2.5 × R6	65,988	
	H3.0 × R8	124,740	
	H3.0 × R10	164,592	
	H3.5 × R12	321,516	
	H3.5 × R15	451,764	
양매자	H0.5 × W0.3	3,564	낙관
	H0.6 × W0.4	4,968	
영산홍	H0.3 × W0.3	2,052	낙관(남부)
	H0.3 × W0.4	3,240	
	H0.4 × W0.5	4,968	
	H0.5 × W0.6	9,396	
	H0.6 × W0.8	16,956	
	H0.8 × W1.0	26,568	
	H1.0 × W1.2	61,344	
영춘화	(3가지) H0.6	3,564	낙관
오죽	H2.0 × R2	29,916	
옥매화	H1.0 × W0.6	11,448	낙관
	H1.2 × W0.8	30,024	

● 규격 : 수고(H), 수관폭(W), 수관길이(L), 흉고직경(B), 근원직경(R) ● 가격단위(원)

조경수 조달청가격 (2015년)

수종명	규격	가격	비고
옥매화	H1.2 × W1.0	42,444	낙관
옥향	H0.3 × W0.3	8,316	상관
	H0.3 × W0.4	11,340	
	H0.4 × W0.5	15,660	
	H0.5 × W0.6	24,084	
	H0.6 × W0.8	34,884	
	H0.8 × W1.0	42,012	
	H1.0 × W1.2	55,944	
	H1.0 × W1.5	60,696	
왕버들	H3.0 × R6	68,148	낙교
	H3.0 × R8	117,072	
	H3.0 × R10	181,548	
	H3.0 × R12	261,360	
	H3.5 × R15	359,640	
	H3.5 × R18	344,412	
	H4.0 × R20	491,184	
왕벚나무	H2.0 × B3	33,480	낙교
	H2.5 × B4	46,548	
	H2.5 × B5	61,776	
	H3.0 × B6	96,660	
	H3.5 × B8	154,440	
	H4.0 × B10	264,276	
	H4.0 × B12	422,064	
	H4.5 × B15	654,264	
	H4.5 × B18	900,288	
	H4.5 × B20	1,048,572	
유카	H0.6 × W0.4	12,420	낙관
	H1.0 × W0.5	18,360	
은행나무	H2.5 × B4	67,068	낙교
	H3.0 × B6	86,076	
	H3.5 × B8	153,468	
	H4.0 × B10	262,764	
	H4.5 × B12	400,788	
	H5.0 × B15	543,240	
	H5.5 × B18	733,644	
	H5.5 × B20	921,132	
	H5.5 × B25	1,519,020	
	H7.0 × B30	2,583,900	

조경수 조달청가격 (2015년)

수종명	규격	가격	비고
은행나무	H7.0 × B35	4,180,356	낙교
	H7.0 × B40	6,439,176	
이팝나무	H2.0 × R4	46,656	낙교
	H2.5 × R6	82,728	
	H3.0 × R8	148,284	
	H3.5 × R10	219,024	
	H3.5 × R12	414,936	
	H4.0 × R15	686,232	
	H4.0 × R18	851,580	
	H4.0 × R20	1,074,708	
	H4.0 × R25	1,711,584	
	H4.5 × R30	2,901,420	
일본목련	H3.0 × R4	71,064	
	H3.5 × R6	90,612	
	H4.0 × R8	129,600	

조경수 조달청가격 (2015년)

수종명	규격	가격	비고
자귀나무	H2.0 × R4	39,960	낙교
	H2.5 × R5	61,344	
	H2.5 × R6	76,788	
	H3.0 × R8	160,704	
	H3.0 × R10	189,756	
	H3.5 × R12	345,924	
	H3.5 × R15	525,420	
자산홍	H0.3 × W0.3	1,561	낙관
	H0.4 × W0.4	3,132	
	H0.5 × W0.5	6,048	
	H0.6 × W0.6	9,504	
	H0.8 × W0.8	15,660	
	H1.0 × W1.0	22,032	
	H1.2 × W1.2	27,648	
자엽자두	H2.5 × R6	55,188	낙교
	H3.0 × R8	141,048	
	H3.0 × R10	194,724	
	H3.5 × R12	266,436	

● 규격 : 수고(H), 수관폭(W), 수관길이(L), 흉고직경(B), 근원직경(R)   ● 가격단위(원)

조경수 판매 전략 부록편

조경수 조달청가격 (2015년)

수종명	규격	가격	비고
자엽자두	H3.5 × R15	443,772	낙교
	H3.5 × R18	587,952	
	H4.0 × R20	728,136	
자작나무	H2.5 × B4	35,964	낙교
	H2.5 × B5	57,672	
	H3.0 × B6	95,580	
	H3.5 × B8	153,144	
	H4.0 × B10	240,408	
	H5.0 × B12	322,704	
	H5.0 × B15	479,628	
	H5.5 × B18	603,396	
	H6.0 × B20	795,096	
잔디	0.18 × 0.18 × 0.03	216	지피
	0.21 × 0.21 × 0.03	216	
	0.3 × 0.3 × 0.03	324	
잣나무	H2.0 × W1.0	23,976	상교
	H2.5 × W1.2	34,668	
	H3.0 × W1.5	58,860	
	H3.5 × W1.8	96,768	
	H4.0 × W2.0	169,344	
장미(3년생)	2가지	3,348	낙관
장미(4년생)	3가지	5,184	낙관
장미(5년생)	4가지	8,208	낙관
전나무 (젓나무)	H1.5 × W0.6	24,732	상교
	H2.0 × W1.0	56,160	
	H2.5 × W1.2	102,816	
	H3.0 × W1.5	178,092	
	H3.5 × W1.8	240,516	
	H4.0 × W2.0	366,984	
	H5.0 × W2.5	588,600	
	H5.5 × W3.0	885,600	
조릿대	(5가지) H0.4	2,160	지피
	(7가지) H0.6	3,348	
조팝나무	H0.6 × W0.3	1,296	낙관
	H0.8 × W0.4	2,268	
	H1.0 × W0.5	3,996	
	H1.2 × W0.6	6,372	
조팝나무(둥근형)	H0.4 × W0.4	21,900	낙관

조경수 조달청가격 (2015년)

수종명	규격	가격	비고
조팝나무 (둥근형)	H0.4 × W0.5	32,100	낙관
	H0.4	46,300	
졸참나무	H2.0 × R4	39,204	낙교
	H2.5 × R5	57,780	
	H2.5 × R6	82,728	
	H3.0 × R8	112,644	
	H3.0 × R10	188,892	
	H3.5 × R12	279,504	
	H3.5 × R15	356,076	
좀작살나무	H1.2 × W0.4	3,024	낙관
	H1.5 × W0.6	7,236	
주목(둥근형)	H0.3 × W0.3	12,960	상교
	H0.4 × W0.4	20,520	
	H0.5 × W0.5	29,592	
	H0.5 × W0.6	33,804	
	H0.6 × W0.6	55,080	
	H0.8 × 0.8	87,696	
	H0.8 × W1.0	100,116	
	H1.0 × W1.0	131,976	
	H1.0 × W1.2	156,816	
주목(선주목)	H1.5 × W0.8	150,336	상교
	H2.0 × W1.0	293,976	
	H2.5 × W1.2	974,160	
	H3.0 × W1.5	1,707,912	
	H3.5 × W2.0 × R12	2,138,184	
	H3.5 × W2.0 × R15	3,508,704	
	H4.0 × W2.5 × R18	3,030,264	
	H4.0 × W2.5 × R20	2,974,752	
중국단풍	H2.0 × R4	28,296	낙교
	H2.5 × R5	36,180	
	H2.5 × R6	54,540	
	H3.0 × R8	80,244	
	H3.5 × R10	140,724	
	H3.5 × R12	188,028	
	H4.0 × R15	288,576	
	H4.0 × R18	433,896	
	H4.5 × R20	635,688	
	H4.5 × R25	826,632	

● 규격 : 수고(H), 수관폭(W), 수관길이(L), 흉고직경(B), 근원직경(R)   ● 가격단위(원)

조경수 조달청가격 (2015년)

수종명	규격	가격	비고
중국단풍	H4.5 × R30	1,206,468	낙교
	H5.0 × R35	1,828,224	
쥐똥나무	H1.0 × W0.3	1,080	낙관
	H1.2 × W0.3	1,296	
	H1.5 × W0.4	2,484	
진달래	H0.4 × W0.3	1,744	낙관
	H0.5 × W0.4	3,024	
	H0.6 × W0.5	5,508	
	H0.6 × W0.6	9,612	
	H0.8 × W0.8	22,248	
	H1.0 × W1.0	44,172	
	H1.2 × W1.2	61,992	
쪽동백	H2.0 × R4	30,294	낙교
	H2.0 × R5	49,896	
	H2.5 × R6	74,520	
	H2.5 × R8	149,148	
	H3.0 × R10	192,780	
	H3.5 × R12	280,908	
	H4.0 × R15	359,640	

조경수 조달청가격 (2015년)

수종명	규격	가격	비고
참느릅나무	H2.5 × R6	66,096	낙교
	H2.5 × R8	99,684	
	H3.0 × R10	240,516	
	H3.0 × R12	335,988	
	H3.5 × R15	153,144	
참조팝	H0.4 × W0.3	1,728	낙관
	H0.5 × W0.4	3,780	
	H0.6 × W0.5	5,832	
채진목	H2 × R4	32,900	낙교
	H2.5 × R6	67,900	
	H2.5 × R8	115,800	
청가시덩굴	L0.4	2,268	낙엽덩굴식물
	L0.5	3,024	
청단풍	H2.0 × R4	36,072	낙교

조경수 조달청가격 (2015년)

수종명	규격	가격	비고
청단풍	H2.0 × R5	51,840	낙교
	H2.0 × R6	78,408	
	H2.5 × R8	136,944	
	H3.0 × R10	220,752	
	H3.5 × R12	330,696	
	H3.5 × R15	522,828	
	H3.5 × R18	720,684	
	H4.0 × R20	922,860	
	H4.5 × R25	1,754,028	
	H5.0 × R30	2,749,248	
	H5.5 × R35	4,481,784	
	H6.0 × R40	6,866,964	
청미래덩굴	L0.4	2,484	낙엽덩굴식물
	L0.5	3,024	
측백나무	H1.2 × W0.3	3,213	상교
	H1.5 × W0.4	6,793	
	H2.0 × W0.6	14,872	
	H2.5 × W0.8	39,636	
	H3.0 × W1.0	67,716	
	H3.0 × W1.2	95,796	
	H3.5 × W1.5	128,952	
측백나무 (동근)	H0.6 × W0.4	3,024	상교
	H0.8 × W0.5	5,184	
	H1.0 × W0.6	8,532	
	H1.5 × W0.8	13,392	
층층나무	H2.5 × R4	41,580	낙교
	H2.5 × R5	58,536	
	H3.0 × R6	96,444	
	H3.5 × R8	178,956	
	H3.5 × R10	299,808	
	H3.5 × R12	426,168	
	H4.0 × R15	549,288	
	H4.5 × R18	651,132	
	H4.5 × R20	1,095,228	
치자나무	H0.4 × W0.3	7,884	상관
	H0.6 × W0.4	10,908	
	H0.8 × W0.6	14,580	
	H1.0 × W0.6	17,280	

●규격 : 수고(H), 수관폭(W), 수관길이(L), 흉고직경(B), 근원직경(R) ●가격단위(원)

조경수 판매 전략 부록편

ㅊ 조경수 조달청가격 (2015년)

수종명	규격	가격	비고
칠엽수	H1.5 × R4	43,740	낙교
	H2.0 × R6	80,784	
	H2.5 × R8	159,192	
	H3.0 × R10	273,888	
	H3.5 × R12	438,480	
	H4.0 × R15	790,668	
	H4.5 × R18	1,382,076	
	H5.0 × R20	2,055,240	
	H5.0 × R25	3,059,856	
	H5.5 × R30	3,756,380	
칡	L0.3	1,620	숙근성 다년덩굴

ㅌ 조경수 조달청가격 (2015년)

수종명	규격	가격	비고
태산목	H1.5 × W0.5	67,716	상교(남부)
	H2.0 × W1.0	139,968	
	H2.5 × W1.2	209,844	
	H3.0 × W1.5	324,756	
	H3.5 × W1.8	441,072	
	H4.0 × W2.0	664,740	

ㅍ 조경수 조달청가격 (2015년)

수종명	규격	가격	비고
팔손이나무	H0.6 × W0.4	18,036	상관(남부)
	H0.7 × W0.5	21,168	
	H0.8 × W0.6	32,616	
	H1.0 × W0.8	50,436	
	H1.2 × W1.0	70,092	
	H2.0 × W2.0	233,496	
팥배나무	H2.0 × R4	50,868	낙교
	H2.5 × R5	76,896	
	H3.0 × R6	105,948	
	H3.5 × R8	168,804	

ㅍ 조경수 조달청가격 (2015년)

수종명	규격	가격	비고
팥배나무	H4.0 × R10	246,564	낙교
	H4.0 × R12	448,524	
	H4.0 × R15	722,304	
	H4.0 × R18	658,800	
	H4.0 × R20	1,129,032	
	H4.5 × R25	1,804,356	
	H5.0 × R30	3,227,688	
팽나무	H2.0 × R4	40,608	낙교
	H2.5 × R6	74,196	
	H3.0 × R8	133,812	
	H3.5 × R10	196,128	
	H3.5 × R12	319,896	
	H4.0 × R15	517,428	
	H4.0 × R18	792,180	
	H5.0 × R20	1,048,788	
	H5.0 × R25	1,722,384	
	H6.0 × R30	2,857,032	
	H7.0 × R35	3,869,964	
	H7.0 × R40	5,447,628	
	H8.0 × R45	8,152,380	
	H8.0 × R50	10,850,760	
편백	H1.5 × W0.5	18,268	상교
	H2.0 × W0.8	20,288	
	H2.5 × W1.0	47,369	
	H3.0 × W1.2	88,128	
	H3.5 × W1.5	137,160	
	H3.5 × W1.8	140,400	
	H4.0 × W2.0	205,200	
편백(황금)	H2.0 × W1.0	100,440	
	H3.0 × W1.5	178,632	
푸조나무	H2.5 × R6	64,044	낙교
	H3.0 × R8	117,936	
	H3.5 × R10	166,752	
	H3.5 × R12	314,064	
	H4.0 × R15	519,912	
	H4.0 × R18	675,000	
	H4.5 × R20	800,172	
피나무	H2.5 × R4	37,908	낙교

●규격 : 수고(H), 수관폭(W), 수관길이(L), 흉고직경(B), 근원직경(R)　●가격단위(원)

ㅍ 조경수 조달청가격 (2015년)

수종명	규격	가격	비고
피나무	H3.0 × R6	70,848	낙교
	H3.5 × R8	132,948	
	H4.0 × R10	255,528	
	H4.0 × R12	394,524	
	H4.5 × R15	672,516	
	H4.5 × R18	685,368	
	H5.0 × R20	820,152	
피라칸사스	H1.0 × W0.3	5,292	상관(남부)
	H1.2 × W0.4	10,692	
	H1.5 × W0.5	16,308	

ㅎ 조경수 조달청가격 (2015년)

수종명	규격	가격	비고
함박꽃나무	H2.5 × W1.0	158,004	낙교
	H3.0 × W1.2	257,472	
	H3.5 × W1.5	466,992	
	H3.5 × W1.8	606,852	
	H4.0 × W2.0	685,908	
해당화	(3가지) H1.0	11,124	낙관
해당화	(4가지) H1.2	15,444	
향나무(둥근향)	H0.6 × W0.9	26,352	상교
	H0.6 × W1.2	61,668	
	H0.8 × W1.5	127,008	
	H1.2 × W1.8	215,784	
	H1.5 × W2.0	303,264	
향나무(선향)	H1.5 × W0.6	21,384	상교
	H2.0 × W0.8	48,060	
	H2.5 × W1.0	85,752	
	H3.0 × W1.0	127,224	
	H3.0 × W1.2	168,696	
	H3.0 × W1.5	200,988	
	H3.5 × W1.8	249,264	
	H4.0 × W2.0	375,192	
향나무(조형)	H3.5 × W1.5	412,452	상교
	H4.0 × W1.8	869,940	
	H4.0 × W2.0	1,354,536	

ㅎ 조경수 조달청가격 (2015년)

수종명	규격	가격	비고
협죽도	H0.8 × W0.3	8,424	상관
	H1.0 × W0.4	11,750	
	H1.2 × W0.5	17,928	
호랑가시나무	H1.2 × W0.4	20,304	상교
	H1.5 × W0.6	44,712	
	H1.8 × W0.8	68,256	
	H2.0 × W1.0	92,772	
홍가시나무	H1.0 × W0.5	28,188	상교(남부)
	H1.2 × W0.6	40,068	
	H1.5 × W0.8	60,912	
	H2.0 × W1.0	103,896	
	H2.5 × W1.2	203,256	
	H3.0 × W1.5	307,800	
홍단풍	H2.0 × R4	43,740	낙교
	H2.0 × R5	71,928	
	H2.0 × R6	116,424	
	H2.5 × R8	233,172	
	H3.0 × R10	450,036	
	H3.5 × R12	717,012	
	H3.5 × R15	1,078,164	
	H3.5 × R18	1,499,688	
	H4.0 × R20	2,296,836	
화백	H2.5 × W1.0	24,192	상교
	H3.0 × W1.2	51,408	
화살나무	H0.6 × W0.3	6,804	낙관
	H0.8 × W0.4	10,260	
	H1.0 × W0.6	18,684	
	H1.2 × W0.8	29,592	
	H1.4 × W1.0	43,200	
	H1.5 × W1.2 × R6	90,072	
	H2.0 × W1.5 × R8	154,440	
황근	H1.2 × W0.6 × R4	45,036	낙관
	H1.5 × W1.0 × R6	88,452	
	H2.0 × W1.2 × R8	177,768	
	H2.5 × W1.2 × R10	322,164	
황금사철나무	H1.0 × W0.3	3,121	상관
	H1.2 × W0.4	3,947	
황금측백	H0.4 × W0.3	6,480	

●규격 : 수고(H), 수관폭(W), 수관길이(L), 흉고직경(B), 근원직경(R) ●가격단위(원)

조경수 조달청가격 (2015년)

수종명	규격	가격	비고
황금측백	H0.6 × W0.4	13,586	
	H0.8 × W0.5	33,588	
	H1.0 × W0.6	45,441	
황매화	H1.0 × W0.4	3,240	낙교
	H1.0 × W0.6	5,724	
	H1.2 × W0.6	6,804	
	H1.2 × W0.8	9,396	
황벽나무	H2.0 × R4	37,908	낙교
	H2.5 × R5	49,572	
	H3.0 × R6	62,640	
	H3.5 × R8	114,156	
	H4.0 × R10	281,556	
황칠나무	H1.5 × W0.4 × R4	57,996	상교(남부)
	H1.8 × W0.6 × R6	131,004	
	H2.0 × W0.8 × R8	247,536	
	H2.5 × W1.0 × R10	389,880	
	H3.0 × W1.2 × R12	512,244	
	H3.5 × W1.5 × R15	689,472	
회양목	H0.2 × W0.2	1,728	상관
	H0.3 × W0.3	3,780	
	H0.4 × W0.5	7,236	
	H0.4 × W0.6	15,768	
	H0.5 × W0.8	32,724	
	H0.6 × W1.0	57,888	
	H0.8 × W1.2	55,296	
	H1.0 × W1.5	58,844	
회화나무	H2.5 × R4	37,044	낙교
	H2.5 × R5	49,032	
	H3.0 × R6	74,196	
	H3.5 × R8	122,580	
	H4.0 × R10	187,164	
	H4.5 × R12	277,020	

조경수 조달청가격 (2015년)

수종명	규격	가격	비고
회화나무	H4.5 × R15	433,728	낙교
	H4.5 × R18	631,584	
	H4.5 × R20	885,168	
	H5.0 × R25	1,281,096	
	H5.0 × R30	2,457,324	
	H6.0 × R35	2,822,256	
	H6.0 × R40	3,924,720	
후박나무	H2.0 × R4	67,284	상교(남부)
	H2.5 × R5	92,880	
	H2.5 × R6	123,120	
	H3.0 × R8	184,356	
	H3.5 × R10	249,912	
	H4.0 × R12	364,500	
	H4.0 × R15	602,100	
	H4.0 × R18	1,011,420	
	H4.0 × R20	1,330,776	
	H4.5 × R25	1,917,864	
	H4.5 × R30	2,637,576	
후피향나무	H1.2 × W0.4	46,008	상교
	H1.5 × W0.6	67,932	
	H1.8 × W0.8	115,236	
	H2.0 × W1.0	209,520	
	H2.5 × W1.2	350,352	
	H3.0 × W1.5	442,800	
흰말채나무	H1.0 × W0.4	1,836	낙관
	H1.2 × W0.6	3,672	
	H1.5 × W0.8	4,752	
히어리	H1.0 × W0.4	13,500	낙관
	H1.2 × W0.4	23,800	
	H1.5 × W0.6	47,736	
	H1.8 × W0.8	118,044	
	H2.0 × W1.0	191,592	

● 규격 : 수고(H), 수관폭(W), 수관길이(L), 흉고직경(B), 근원직경(R) ● 가격단위(원)

2. 2014년산 산림용 종묘 가격표

(단위 : 원/천본)

성묘(成苗) 산림용 종묘가격 (2014년)

수종명	묘령	가격	비고
고로쇠나무	1-0	317,000	
	1-1	744,000	
곰솔(해송)	1-1	302,000	
	1-1-2	3,989,000	분뜨기 묘목
굴참나무	1-0	357,000	
낙엽송	1-1	537,000	
느티나무	1-0	396,000	
	1-1	783,000	
	1-1-1	1,713,000	
리기다소나무	1-0	219,000	
	1-1	286,000	
리기테다소나무	1-0	222,000	
	1-1	292,000	
물푸레나무	1-0	301,000	
	1-1	642,000	
백합나무	1-0	524,000	
	1-1	1,032,000	
백합나무(클론)	C1/1	639,000	순화묘 제외
	C1/1	1,274,000	
산벚나무	1-0	417,000	
	1-1	810,000	
삼나무	1-1	510,000	
상수리나무	1-0	454,000	
	1-1	863,000	
소나무	1-1	314,000	
	1-1-2	3,373,000	분뜨기 묘목
스트로브잣나무	1-1	326,000	
	1-2	510,000	
	1-2-3	4,387,000	분뜨기 묘목
아까시나무	1-0	324,000	
오리나무	1-0	394,000	
옻나무	1-0	951,000	
	1-1	1,655,000	
자작나무	1-0	429,000	
	1-1	807,000	
	1-1-1	1,356,000	

(단위 : 원/천본)

성묘(成苗) 산림용 종묘가격 (2014년)

수종명	묘령	가격	비고
잣나무	2-1	386,000	
	2-2	553,000	
	2-3	818,000	
	2-2-3	5,428,000	분뜨기 묘목
전나무	2-2	578,000	
	2-3	835,000	
편백	1-1	470,000	
	1-1-1	872,000	
	1-1-2	3,627,000	분뜨기 묘목
	1-2-2	4,430,000	분뜨기 묘목
헛개나무	1-0	777,000	
화백	1-1	490,000	

(단위 : 원/천본)

용기묘 산림용 종묘가격 (2014년)

수종명	묘령	가격	비고
곰솔(해송)	2-0	532,000	
거제수나무	1-0	497,000	
낙엽송	2-0	776,000	
느릅나무	1-0	566,000	
느티나무	1-0	503,000	
루브라참나무	1-0	506,000	
박달나무	1-0	490,000	
백합나무	1-0	677,000	
상수리나무	1-0	503,000	
소나무	2-0	569,000	
	2-2	3,343,000	용기 대묘
자작나무	1-0	500,000	
편백	2-0	638,000	
	2-2	3,373,000	용기 대묘

※ 부대조건
- 본 묘목은 검사합격률 95%이상의 묘목에 대한 기준 가격임.
- 가격에는 묘목생산비의 2%에 해당하는 재해손비가 포함된 가격임.
- 가격은 완전포장하고 소정의 품질보증표를 첨부하여 차도에서 인도하는 가격임.(단, 분뜨기 묘목은 상차인도 가격임.)

조경수 판매 전략 부록편

유묘(幼苗) 산림용 종묘가격 (2014년)
(단위 : 원/천본)

수종명	묘령	가격
고로쇠나무	1-0	272,700
곰솔(해송)	1-0	50,400
낙엽송	1-0	66,900
느티나무	1-0	338,500
리기다소나무	1-0	50,400
리기테다소나무	1-0	51,300
물푸레나무	1-0	261,700
박달나무	1-0	324,400
백합나무	1-0	444,900
백합나무	C1/0	569,900
산벚나무	1-0	377,400
삼나무	1-0	80,500
상수리나무	1-0	332,900
소나무	1-0	54,800
소나무	1-1	264,200
스트로브잣나무	1-0	73,500
스트로브잣나무	1-1	273,100
옻나무	1-0	783,100
자작나무	1-0	399,600
잣나무	1-0	79,000
잣나무	2-0	137,000
전나무	1-0	50,700
전나무	2-0	79,100
편백	1-0	77,300
화백	1-0	67,600

● 본 가격은 출하관련 생산비용(굴취, 선묘, 결속, 가식, 포장, 기업이익, 재해손비 등)을 제외한 기준 가격임

종자(種子) 산림용 종묘가격 (2014년)
(단위 : 원/kg)

수종명	효율(%이상)	가격
고로쇠나무	23	84,600
곰솔(해송)	88	147,400
낙엽송	36	312,900
느릅나무	30	82,600
느티나무	58	86,200
리기다소나무	77	130,400
리기테다소나무	80	227,700
물푸레나무	44	31,100
박달나무	16	61,700
백합나무	8	41,300
삼나무	28	162,000
상수리나무	51	3,200
소나무	81	220,300
스트로브잣나무	74	233,200
아까시나무	58	87,700
오리나무	18	195,200
자작나무	11	138,800
잣나무	63	6,500
전나무	23	32,200
참죽나무	37	100,800
편백	11	211,000
헛개나무	30	143,400
호두나무	64	14,600
화백	23	208,500

● 본 가격은 순수 생산비용으로 기업이윤, 재해손비 등을 제외한 기준 가격임.

묘령의 뜻

조림용 묘목의 묘령은 수종에 따라 차이가 있으며 어릴때 생장이 빠른 수종은 1~2년생묘를 생산하고 생장이 느린 수종은 3~5년 생묘를 생산한다. 묘령의 표시는 파종일 경우는 거치(据置) 연수에 따라 1-0, 2-0, 3-0으로 표시하고 옮겨심기를 한 것은 옮겨심는 묘령을 앞에 쓰고 거치연수를 뒤로 하여 1-1, 1-2, 2-1, 2-2, 1-2 등으로 표시하며 꺾꽂이 묘령은 뿌리의 묘령을 분모로 하고 줄기의 나이를 분자로 하여 C 1/1, C1/2 등으로 표시하며 접목묘도 꺾꽂이묘와 같이 표시하는데 앞 기호를 G로 하여 G1/1, G1/2 등으로 표시한다.

3. 2015년 상반기 건설업 임금

(2015년1월1일 공표)

직종번호	직종	단가(원)
1001	작업반장	108,086
1002	**●보통인부**	**87,805**
1003	특별인부	108,245
1007	형틀목공	151,091
1013	콘크리트공	139,853
1018	포설공	110,430
1021	조적공	125,105
1022	견출공	126,819
1023	건축목공	139,327
1027	미장공	140,811

(2015년1월1일 공표)

직종번호	직종	단가(원)
1028	타일공	133,837
1029	도장공	122,128
1033	석공	138,838
1034	줄눈공	104,254
1037	벌목부	123,948
1038	**●조경공**	**124,463**
1048	건설기계운전사	123,642
1049	화물차운전사	115,755
1072	지적기사	202,574
1073	지적산업기사	178,013

● 보통인부 : 기능을 요하지 않는 경작업인 일반잡역에 종사하면서 단순육체노동을 하는 사람
● 조경공 : 수목 식재 및 조경작업을 하는 사람

4. 2015년 중기별 시간당 운영비

직종번호	규격	단위	운영비(원)
굴삭기(무한궤도)	0.4	Hr	53,043
굴삭기(무한궤도)	0.6	Hr	59,047
트럭탑재형 크레인	10ton	Hr	57,121
트럭탑재형 크레인	15ton	Hr	63,028
크레인	25ton	Hr	84,593

5. 건설표준품셈(조경공사)

굴취 관목

(10주당)

나무높이(m)	조경공(인)	보통인부(인)
0.3미만	0.07	0.01
0.3~0.7	0.14	0.03
0.8~1.1	0.22	0.04
1.2~1.5	0.34	0.06

① 본 품은 근원부에서 분지되어 다년생으로 자라는 관목수종에 적용한다.
② 본 품은 분 보호재(녹화마대, 녹화끈등)를 활용하여 분을 보호하지 않은 상태로 굴취되는 작업을 기준으로 한 것이다.
③ 나무높이가 1.5m를 초과할 때는 나무높이에 비례하여 할증할 수 있다.
④ 나무높이보다 수관폭이 더 클 때는 그 크기를 나무높이로 본다.
⑤ 굴취수목의 운반을 위하여 운반로를 개설하여야 하는 경우에는 그 비용을 별도 계상한다.
⑥ 녹화마대, 녹화끈을 사용하여 분을 보호할 경우 "4-4-1 2.나무높이에 의한 굴취"를 적용한다.
⑦ 굴취시 야생일 경우에는 굴취품의 20%까지 가산할 수 있다.

굴취 교목 - 뿌리돌림(2013년 보완)

(주당)

근원직경(cm)	조경공(인)	보통인부(인)	근원직경(cm)	조경공(인)	보통인부(인)
3	0.03	0.01	36	1.86	0.22
5	0.06	0.01	42	2.04	0.25
7	0.11	0.01	48	2.32	0.28
9	0.17	0.02	54	2.79	0.33
11	0.23	0.03	60	3.07	0.36
13	0.30	0.03	66	4.18	0.50
15	0.37	0.05	72	4.65	0.55
18	0.56	0.06	78	5.21	0.62
21	0.65	0.08	84	6.51	0.78
24	0.74	0.09	90	7.06	0.85
30	1.58	0.19	100	7.90	0.95

① 뿌리돌림은 수목 이식 전에 뿌리 분 밖으로 돌출된 뿌리를 깨끗이 절단하여 주근 가까운 곳의 측근과 잔뿌리의 발달을 촉진시키는 작업이다.
② 분은 근원직경의 4~5배로 한다.
③ 뿌리 절단 부위의 보호를 위한 재료비는 별도 계상한다.

| 굴취 | 교목 - 나무높이에 의한 굴취(2013년 보완) |

(주당)

나무높이(m)	조경공(인)	보통인부(인)	비고
1.0이하	0.06	0.01	
1.1~1.5	0.07	0.02	
1.6~2.0	0.08	0.02	
2.1~2.5	0.10	0.03	분이 없는 경우
2.6~3.0	0.11	0.03	굴취품의 20%를
3.1~3.5	0.13	0.03	감한다.
3.6~4.0	0.15	0.04	
4.1~4.5	0.17	0.04	
4.6~5.0	0.19	0.05	

① 본품은 근원(흉고)직경을 추정하기 어려운 수종에 적용한다.
  ※ 곰솔(3m 이하), 독일가문비나무, 동백나무, 리기다소나무, 섬잣나무, 실편백, 아왜나무, 잣나무, 젓나무, 주목, 측백나무, 편백, 선향나무 등 이와 유사한 수종에 적용할 수 있다.
② 분은 근원직경의 4~5배로 한다.
③ 본 품은 준비, 구덩이파기, 뿌리절단, 분뜨기, 운반준비 작업을 포함한다.
④ 분뜨기, 운반준비를 위한 재료비는 별도 계상한다.
⑤ 굴취시 야생일 경우에는 굴취품의 20%까지 가산할 수 있다.
⑥ 현장의 시공조건, 수목의 성상에 따라 기계사용이 불가피한 경우 별도 계상한다.
⑦ 굴취수목의 운반을 위하여 운반로를 개설하여야 하는 경우에는 그 비용을 별도 계상한다.

굴취   교목 - 근원(흉고)직경에 의한 굴취(2013년 보완)

(주당)

근원(흉고)직경(cm)	조경공(인)	보통인부(인)	굴삭기(hr)	크레인(hr)	비고
4이하	0.08	0.02	-	-	
5(4이하)	0.10	0.03	-	-	
6~7(5~6)	0.17	0.04	-	-	
8~9(7~8)	0.27	0.07	-	-	
10~11(9)	0.15	0.06	0.49	-	
12~14(10~12)	0.26	0.08	0.59	-	
15~17(13~14)	0.40	0.10	0.71	-	
18~19(15~16)	0.51	0.11	0.81	-	분이 없는 경우 굴취품의 20%를 감한다.
20~24(17~20)	0.67	0.13	0.95	0.19	
25~29(21~24)	0.90	0.16	1.15	0.23	
30~34(25~28)	1.12	0.19	1.35	0.27	
35~39(29~32)	1.35	0.22	1.55	0.31	
40~44(33~37)	1.57	0.25	1.74	0.35	
45~49(38~41)	1.80	0.28	1.94	0.39	
50~54(42~45)	2.02	0.31	2.14	0.43	
55~59(46~49)	2.25	0.34	2.34	0.47	
60(50)	2.38	0.36	2.46	0.50	

① 본 품은 교목류 수종에 적용한다.
② 분은 근원직경의 4~5배로 한다.
③ 본 품은 준비, 구덩이파기, 뿌리절단, 분뜨기, 운반준비 작업을 포함한다.
④ 현장의 시공조건, 수목의 성상에 따라 기계사용이 불가피한 경우 별도 계상한다.
⑤ 분 뜨기, 운반 준비를 위한 재료비는 별도 계상한다.
⑥ 굴취시 야생일 경우에는 굴취품의 20%까지 가산할 수 있다.
⑦ 굴취수목의 운반을 위하여 운반로를 개설하여야 하는 경우에는 그 비용을 별도 계상한다.
⑧ 장비 규격은 다음을 기준으로 한다.

근원직경	굴삭기	크레인
10cm~19cm	0.4m³	-
20cm~26cm	0.6m³	트럭탑재형 크레인 10ton
27cm~39cm	0.6m³	트럭탑재형 크레인 15ton
40cm~60cm	0.6m³	크레인(타이어) 25~50cm

식재 관목 - 단식(單植)(2013년 보완)

(10주당)

나무높이(m)	조경공(인)	보통인부(인)
0.3미만	0.15	0.05
0.3~0.7	0.26	0.09
0.8~1.1	0.45	0.15
1.2~1.5	0.68	0.23

① 본 품은 근원부에서 분지되어 다년생으로 자라는 관목수종에 적용한다
② 본 품은 재료소운반, 터파기, 나무세우기, 묻기, 물주기, 손질, 뒷정리를 포함한다.
③ 식재 후 1회 기준의 물주기는 포함되어 있으며, 유지관리는 "4-5 유지관리"에 따라 별도 계상한다.
④ 암반식재, 부적기식재 등 특수식재시는 품을 별도 계상할 수 있다.
⑤ 나무높이보다 수관폭이 더 클 때에는 그 수관폭을 나무높이로 본다.
⑥ 나무높이가 1.5m이상일 때에는 나무높이에 비례하여 할증할 수 있다.

(10주당)

나무높이(m)	조경공(인)	보통인부(인)
0.3미만	0.06	0.02
0.3~0.7	0.10	0.04
0.8~1.1	0.17	0.05
1.2~1.5	0.26	0.08

① 본 품은 근원부에서 분지되어 다년생으로 자라는 관목수종에 적용한다.
② 본 품은 재료소운반, 터파기, 나무세우기, 묻기, 물주기, 손질, 뒷정리를 포함한다.
③ 식재 후 1회 기준의 물주기는 포함되어 있으며, 유지관리는 "4-5 유지관리"에 따라 별도 계상한다.
④ 암반식재, 부적기식재 등 특수식재시는 품을 별도 계상할 수 있다.
⑤ 나무높이보다 수관폭이 더 클 때에는 그 수관폭을 나무높이로 본다.
⑥ 나무높이가 1.5m이상일 때에는 나무높이에 비례하여 할증할 수 있다.
⑦ 군식은 일반적으로 아래의 식재밀도 이상인 경우를 말한다.

(주/m²)

수관폭(cm)	20	20	20	20	20	20	20
주수	32	32	32	32	32	32	32

조경수 판매 전략 부록편

식재 교목 - 나무높이에 의한 식재(2002년 보완, 2013년 보완)

(주당)

나무높이(m)	인력시고		기계시공		
	조경공(인)	보통인부(인)	조경공(인)	보통인부(인)	굴삭기(hr)
1.0이하	0.07	0.06	-	-	-
1.1~1.5	0.09	0.07	-	-	-
1.6~2.0	0.11	0.09	-	-	-
2.1~2.5	0.15	0.12	-	-	-
2.6~3.0	0.19	0.14	-	-	-
3.1~3.5	0.23	0.17	0.14	0.07	0.27
3.6~4.0	0.29	0.20	0.15	0.08	0.31
4.1~4.5	0.33	0.23	0.15	0.09	0.35
4.6~5.0	0.38	0.27	0.16	0.11	0.39
비고	- 지주목을 세우지 않을 때는 다음의 요율을 감한다.				
	인력시공시		기계시공시		
	인력품의 10%		인력품의 20%		

① 본 품은 흉고 또는 근원직경을 추정하기 어려운 수종에 적용한다.
 ※ 곰솔(3m 이하), 독일가문비나무, 동백나무, 리기다소나무, 섬잣나무, 실편백,아왜나무, 잣나무, 젓나무, 주목, 측백나무, 편백, 선향나무 등 이와 유사한 수종에 적용할 수 있다.
② 본 품은 재료소운반, 터파기, 나무세우기, 묻기, 물주기, 지주목세우기, 뒷정리를 포함한다.
③ 식재 후 1회 기준의 물주기는 포함되어 있으며, 유지관리는 "4-5 유지관리"에 따라 별도 계상한다.
④ 암반식재, 부적기식재 등 특수식재시는 품을 별도 계상할 수 있다.
⑤ 현장의 시공조건, 수목의 성상에 따라 기계 시공이 불가피한 경우는 별도 계상한다.
⑥ 굴삭기 규격은 0.4㎥를 기준으로 한다.

| 식재 | 교목 - 흉고(근원)직경에 의한 식재(2002년 보완, 2013년 보완) |

흉고(근원)직경(cm)	구분			
	조경공(인)	보통인부(인)	굴삭기(hr)	크레인(hr)
4(5)이하	0.11	0.06	-	-
5(6)	0.18	0.09	-	-
6~7(7~8)	0.28	0.14	-	-
8~9(9~11)	0.20	0.12	0.39	-
10~11(12~13)	0.26	0.14	0.46	-
12~14(14~17)	0.33	0.16	0.56	-
15~17(18~20)	0.42	0.18	0.68	-
18~19(21~23)	0.50	0.21	0.77	0.22
20~24(24~29)	0.60	0.24	0.91	0.28
25~29(30~35)	0.74	0.28	1.10	0.36
30~34(36~41)	0.89	0.32	1.29	0.45
35~39(42~47)	1.04	0.37	1.48	0.53
40~44(48~53)	1.19	0.41	1.67	0.62
45~49(54~59)	1.33	0.46	1.87	0.70
50(60)	1.42	0.48	1.98	0.75
비고	- 지주목을 세우지 않을 때는 다음의 요율을 감한다.			
	인력시공시		기계시공시	
	인력품의 10%		인력품의 20%	

① 본 품은 교목류 수종에 적용한다.
② 본 품은 재료소운반, 터파기, 나무세우기, 묻기, 물주기, 지주목세우기, 뒷정리를 포함한다. 식재 후 1회 기준의 물주기는 포함되어 있으며, 유지관리는 "4-5 유지관리"에 따라 별도 계상한다.
④ 흉고직경은 지표면에서 높이 1.2m 부위의 나무줄기 지름이다.
⑤ 암반식재, 부적기식재 등 특수식재시는 품을 별도 계상할 수 있다.
⑥ 현장의 시공조건, 수목의 성상에 따라 기계시공이 불가피한 경우는 별도 계상한다.
⑦ 장비 규격은 다음을 기준으로 한다.

흉고직경	굴삭기	크레인
8cm	0.4m³	
18cm	0.6m³	트럭탑재형 크레인 10ton
23cm	0.6m³	트럭탑재형 크레인 15ton
35cm	0.6m³	크레인(타이어) 25~50ton

전정 　　일반전정(2014년 보완)

(주당)

구분		단위	수량(흉고직경 cm)					
			낙엽수			상록수		
			11	11~21미만	21이상	11미만	11~21미만	21이상
인력시공	조경공	인	0.06	0.10	0.16	0.05	0.09	0.15
	보통인부	인	0.02	0.03	0.04	0.02	0.03	0.04
기계시공	조경공	인	-	0.04	0.07	-	0.04	0.06
	보통인부	인	-	0.02	0.03	-	0.01	0.02
	고소작업차	hr	-	0.14	0.23	-	0.13	0.21

① 본 품은 수목의 정상적인 생육장애요인의 제거 및 외관적인 수형을 다듬기 위해 실시하는 전정 작업을 기준으로 한 품이다.
② 본 품은 준비, 소운반, 전정, 뒷정리를 포함한다.
③ 고소작업차는 트럭탑재형크레인(5ton)을 적용한다.
④ 공구손료 및 경장비(전정기 등)의 기계경비는 인력품의 2.5%를 계상한다.
⑤ 전정 후 외부 운반 및 폐기물처리비는 별도 계상한다.

전정 　　가로수 전정(2003년 신설, 2014년 보완)

(주당)

구분		단위	수량(흉고직경cm)					
			11	11~21미만	21~31미만	31~41미만	41~51미만	51이상
강전정	조경공	인	0.09	0.13	0.18	0.22	0.27	0.32
	보통인부	인	0.21	0.31	0.42	0.52	0.63	0.89
	고소작업차	hr	0.36	0.48	0.62	0.76	0.89	1.03
약전정	조경공	인	0.06	0.09	0.12	0.15	0.19	0.22
	보통인부	인	0.13	0.20	0.28	0.36	0.43	0.51
	고소작업차	hr	0.20	0.30	0.41	0.53	0.64	0.75

① 본 품은 가로수(낙엽수)의 전정을 기준으로 한 품이다.
② 본 품은 준비, 소운반, 전정 및 전정 후 뒷정리(적재 및 적상) 작업을 포함한다.
③ 교통정리 등 안전관리를 포함한다.
④ 고소작업차는 트럭탑재형크레인(5ton)을 적용한다.
⑤ 공구손료 및 경장비(전정기 등)의 기계경비는 인력품의 2.5%를 계상한다.
⑥ 전정 후 외부 운반 및 폐기물처리비는 별도 계상한다.

전정   관목 전정(2014년 신설)

(식재면적 10㎡당)

구분	단위	수량(나무높이)	
		0.9m 미만	0.9m 이상
조경공	인	0.02	0.03
보통인부	인	0.04	0.07

① 본 품은 군식으로 식재된 관목 전정을 기준으로 한 품이다.
② 본 품은 준비, 소운반, 전정 및 전정 후 뒷정리를 포함한다.
③ 공구손료 및 경장비(전정기 등)의 기계경비는 인력품의 3.5%를 계상한다.
④ 본 품은 인력에 의한 작업을 기준으로 한 것이며, 고소작업차가 필요한 경우 기계 경비는 별도 계상한다.
⑤ 전정 후 외부 운반 및 폐기물처리비는 별도 계상한다.

(식재면적 10㎡당)

구분	단위	수량	
		일반 잔디지역	지장물 지역
보통인부	인	0.45	0.65

① 본 품은 인력으로 잡초를 제거하는 품이다.
② 지장물 지역은 정기적으로 제초작업이 진행되지 않아 대상지역 잡초의 밀도가 높거나, 지장물(초화류, 관목류 등)이 많은 지역을 의미한다.
③ 본 품은 제초 및 뒷정리를 포함한다.
④ 외부 운반 및 폐기물처리비는 별도 계상한다.

시비 교목시비(喬木施肥)(2014년 보완)

(10주당)

구분	단위	수량(근원직경 cm)					
		11	11~21미만	21~31미만	31~41미만	41~51미만	51이상
조경공	인	0.29	0.37	0.44	0.51	0.58	0.66
보통인부	인	0.09	0.11	0.13	0.16	0.18	0.20

① 본 품은 교목의 환상시비를 기준으로 한 품이다.
② 본 품은 터파기, 비료포설, 되메우기 작업을 포함한다.
③ 비료의 종류, 수량은 토양의 상태, 수종, 수세 등을 고려하여 결정한다.

시비 관목시비(灌木施肥)

(식재면적 100㎡당)

명칭	단위	수량	비고
조경공	인	0.3	
보통인부	인	0.8	

① 본 품은 관목군식의 경우에 적용한다.
② 비료의 종류, 수량은 토양의 상태, 수종, 수세등을 고려하여 결정한다.

6. 조경용 뿌리 감기시 마대와 녹화끈의 사용량

규격	근원(R)	녹화마대(M)	녹화끈(M)
마대:폭30cm X 18M, 18개(박스) 녹화끈:4mm X 420m, 8롤(박스)	3	0.6	5.0
	5	1.6	8.3
	7	3.1	11.6
	9	5.1	14.9
폭40cm X 18M, 15개(박스) 녹화끈: 6mm X 220m, 8롤(박스)	11	5.3	27.3
	13	7.4	32.3
	15	9.8	37.2
	18	14.1	89.3
폭 60cm X 18M, 9개(박스) 녹화끈: 8mm X 130m, 8롤(박스)	21	11.5	130.3
	24	15.0	148.9
	30	23.5	223.3
	36	33.9	312.7
	42	46.1	364.8
	48	60.2	417.0
	54	76.2	469.0
	60	94.0	521.2
	66	113.8	573.3
	72	135.4	625.5
	78	158.9	677.4
	84	154.3	729.6
	90	211.6	781.7
	100	263.8	858.6

※ 녹화마대와 녹화끈은 다양한 규격이 있어 표의 예시는 일부의 규격으로 한 권장사항이니 참조하길 바람